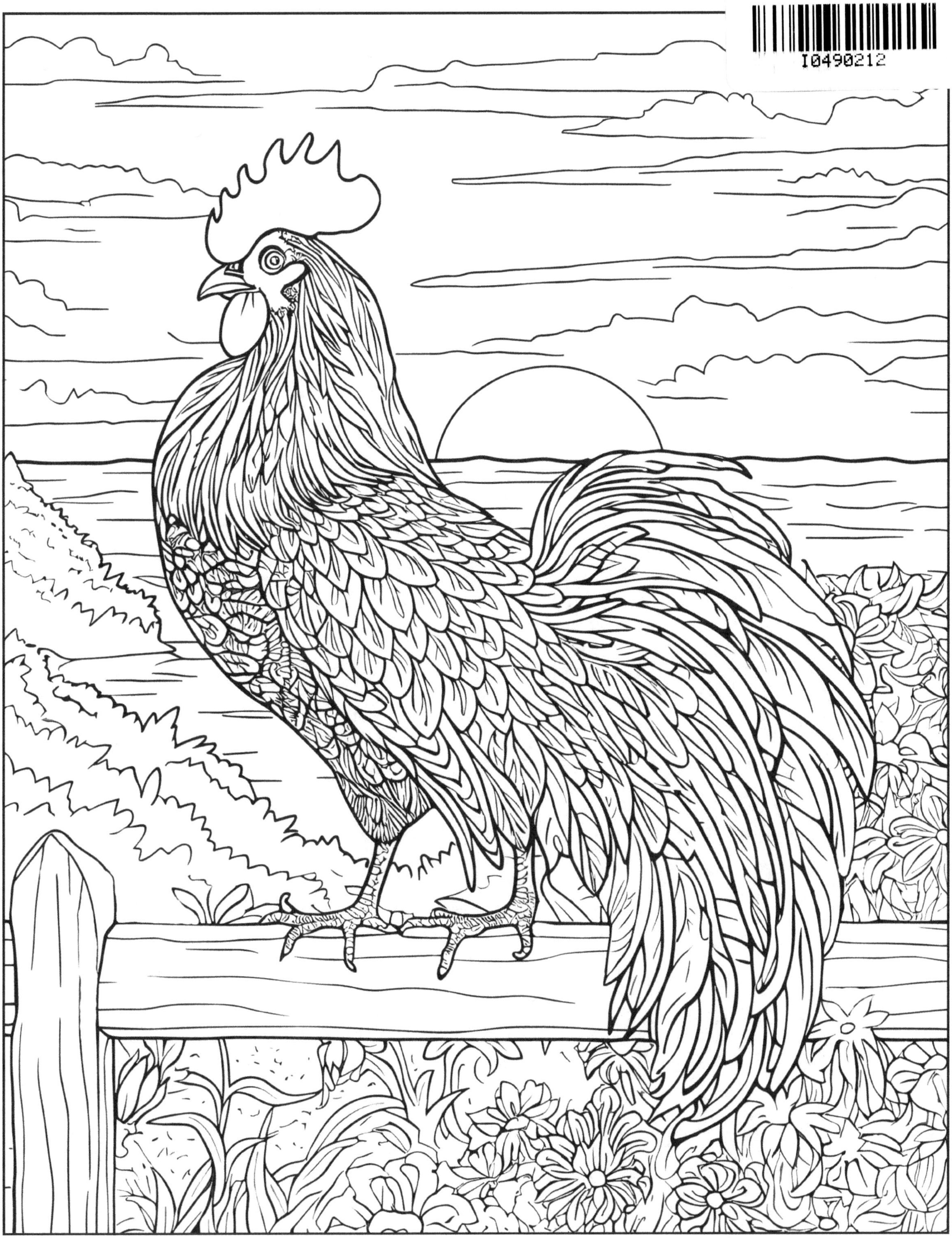

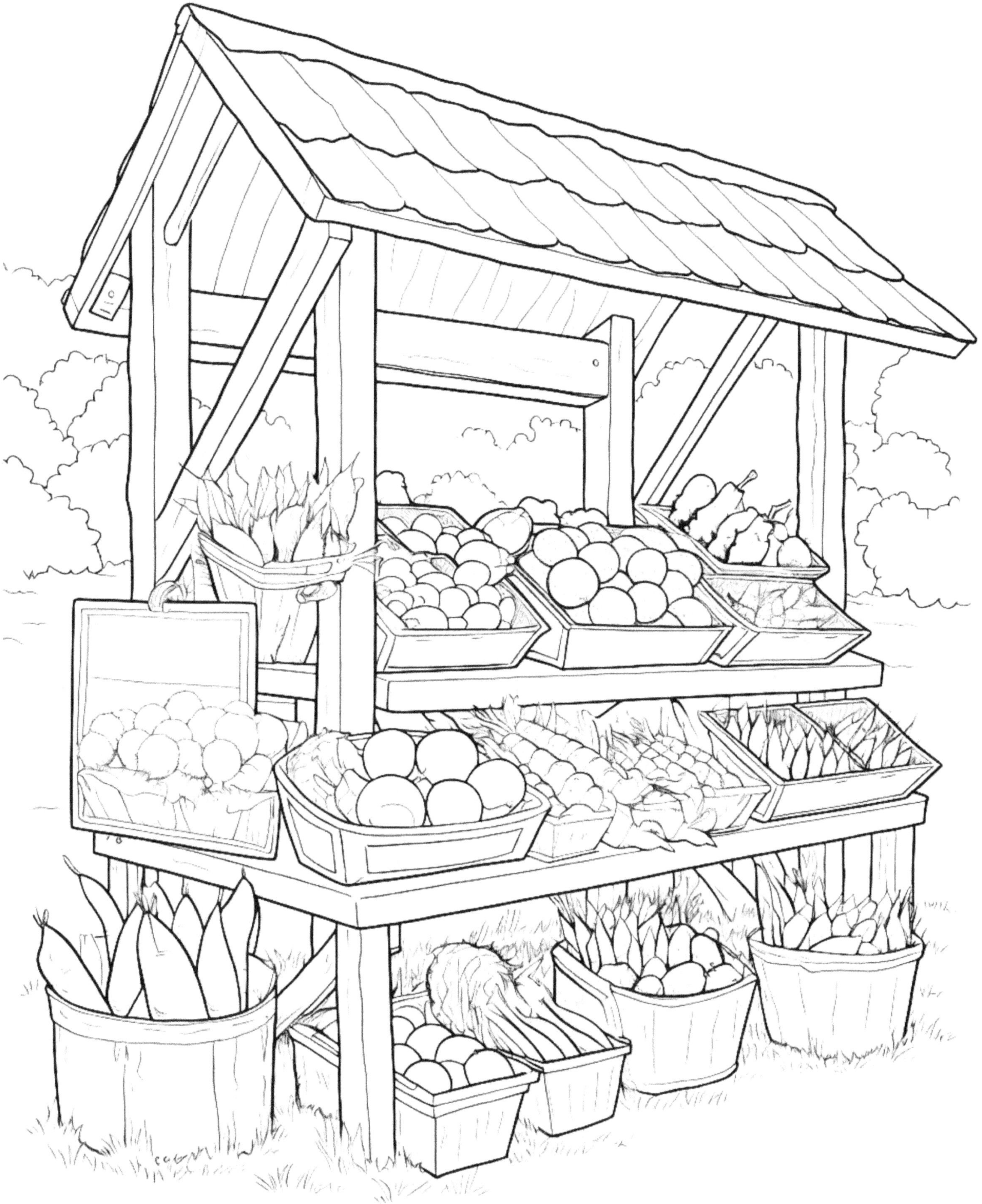

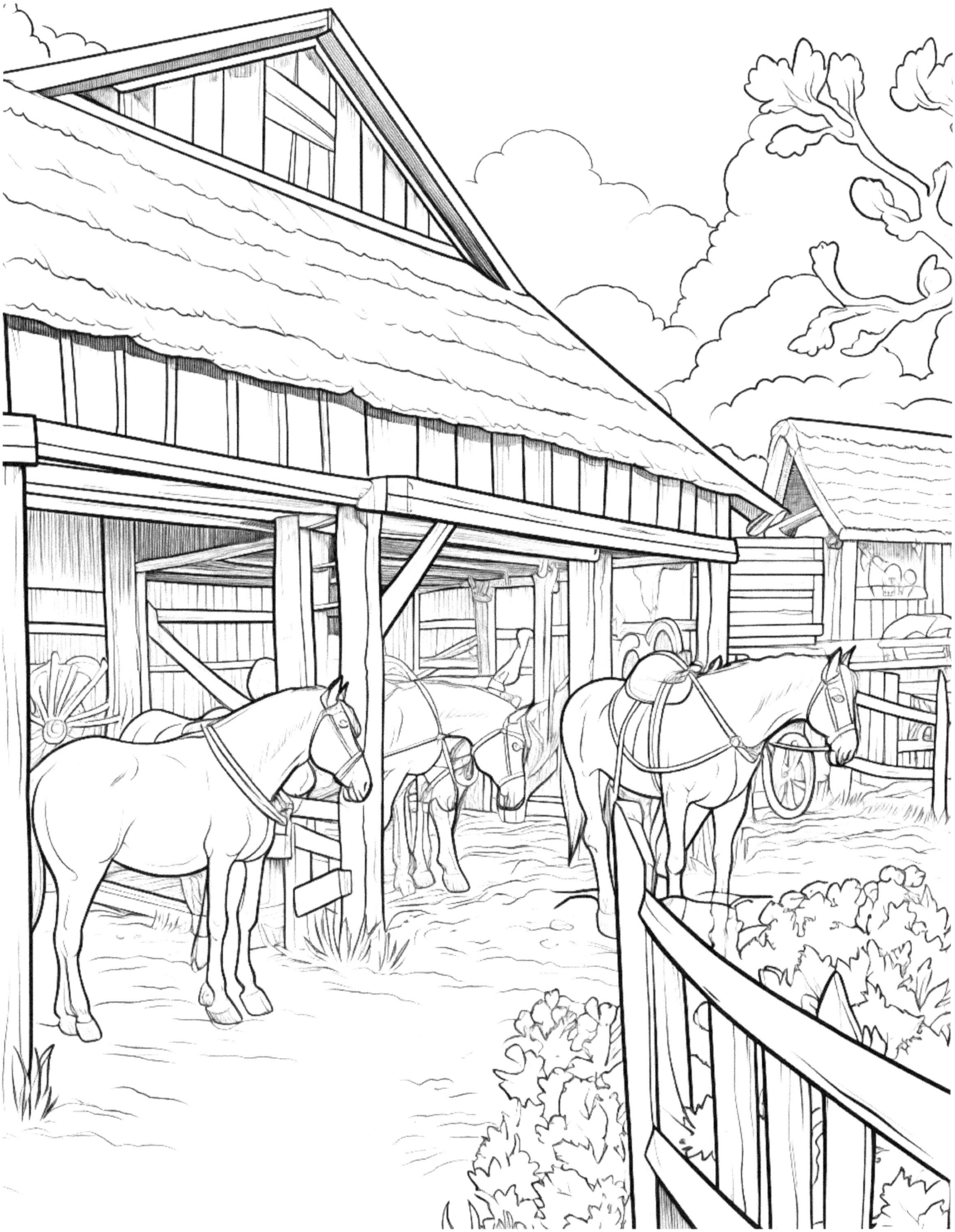

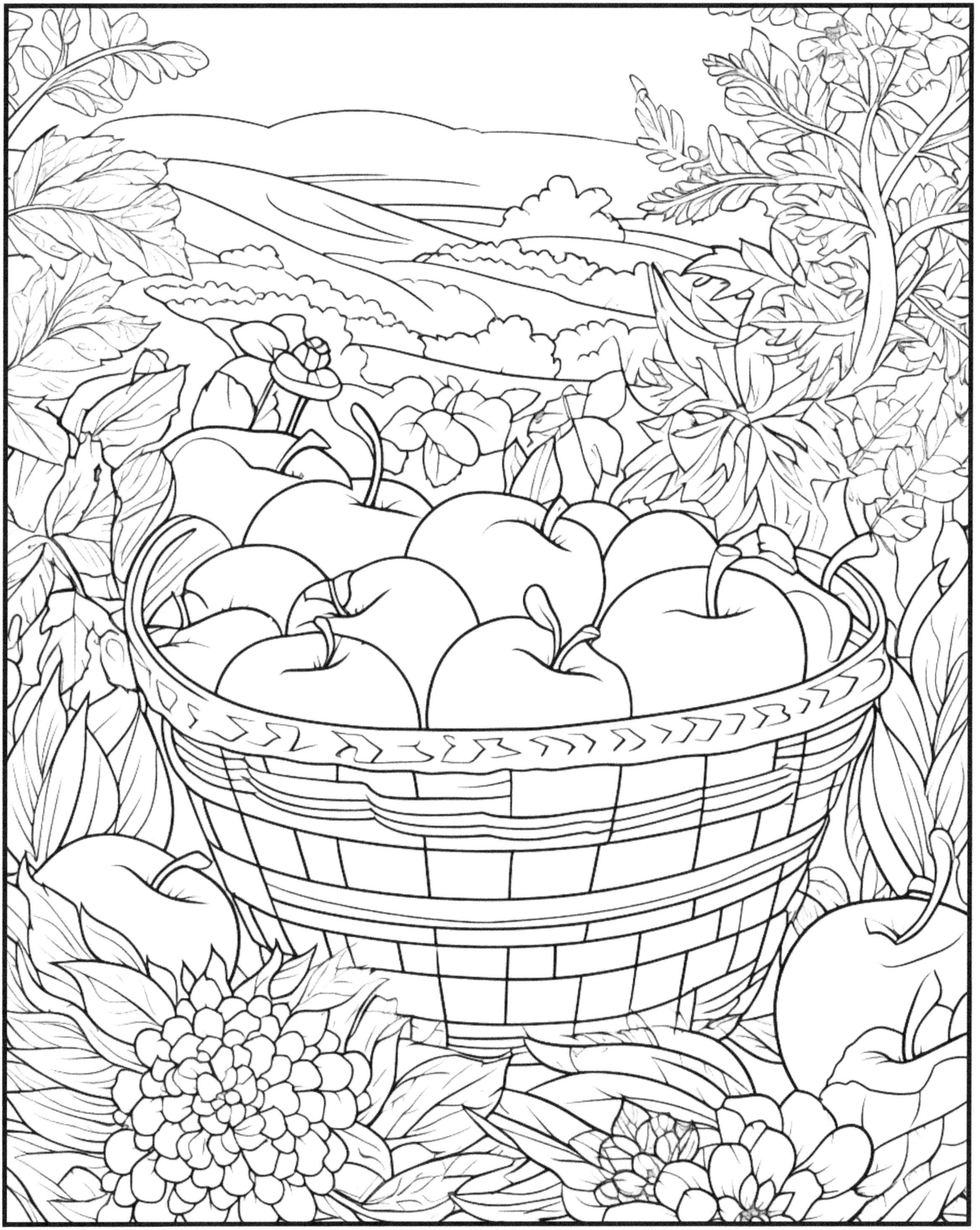

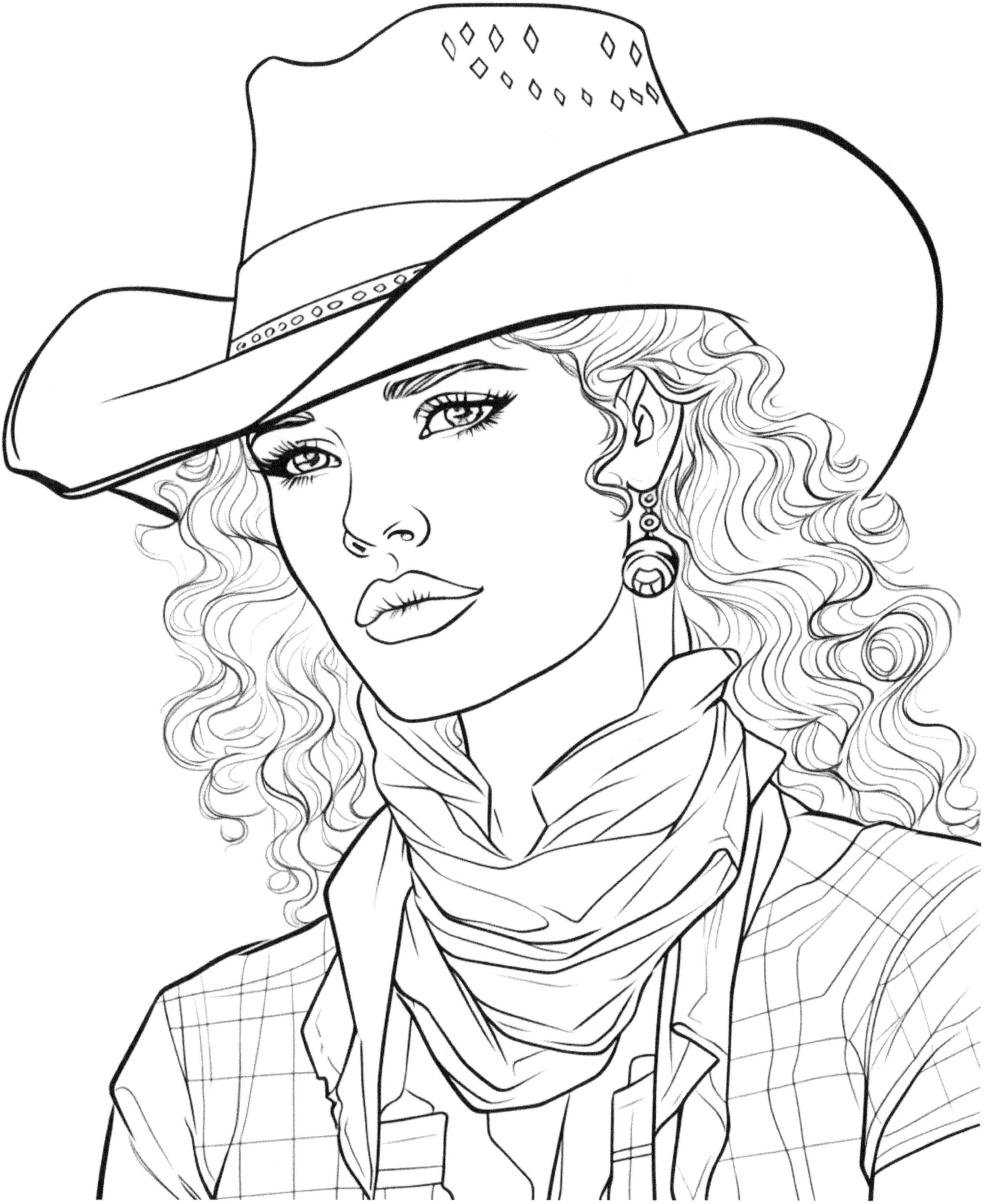

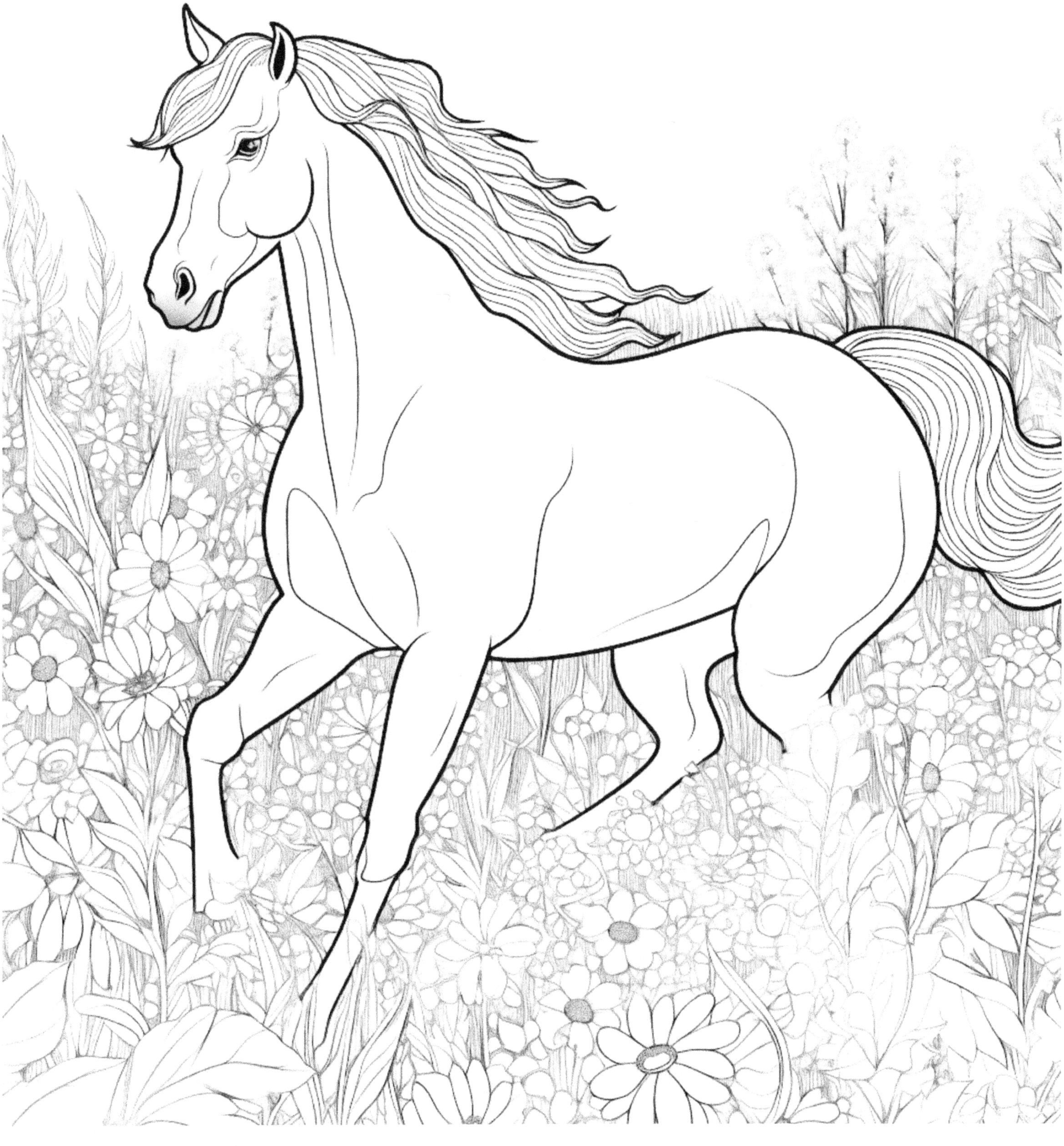

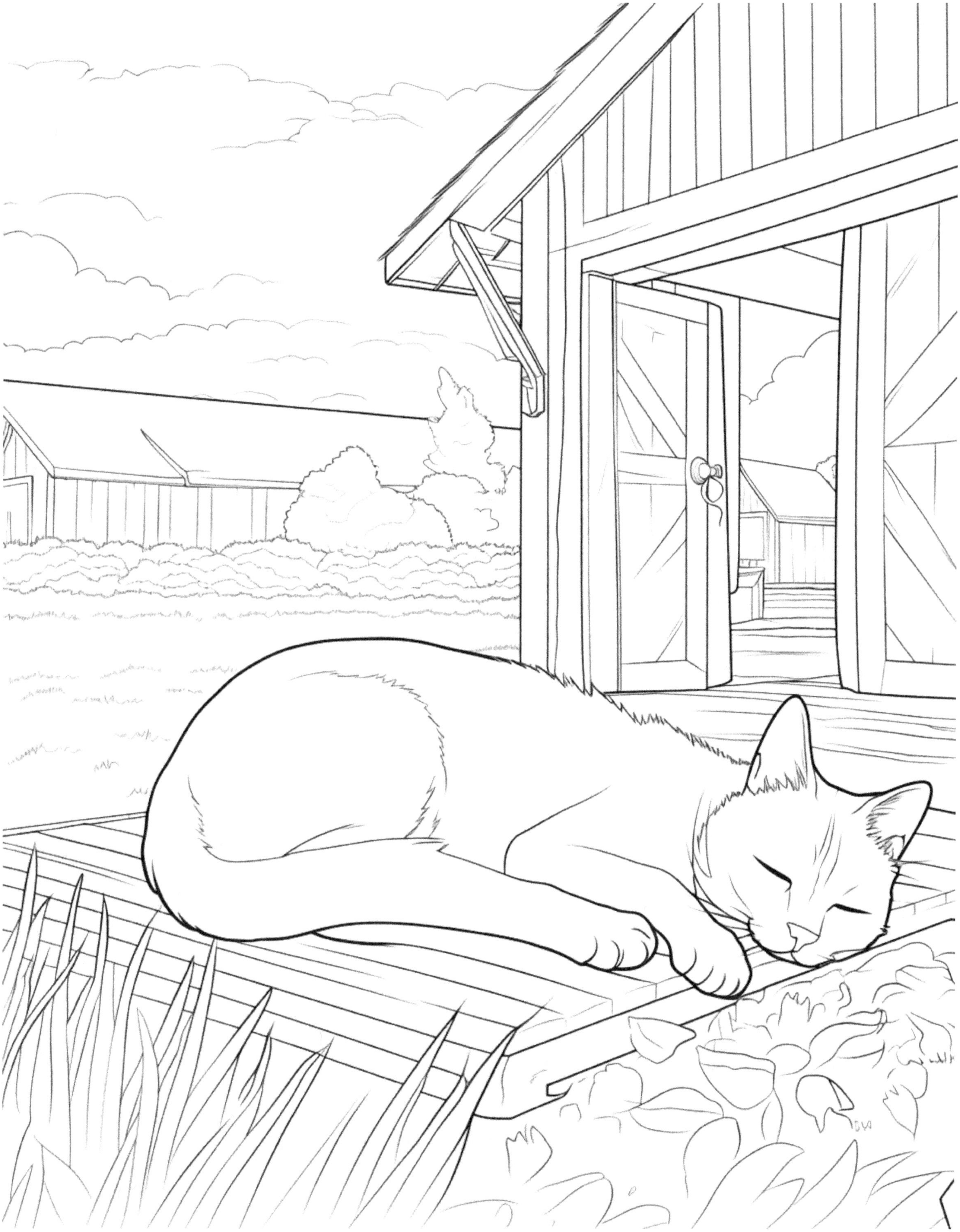

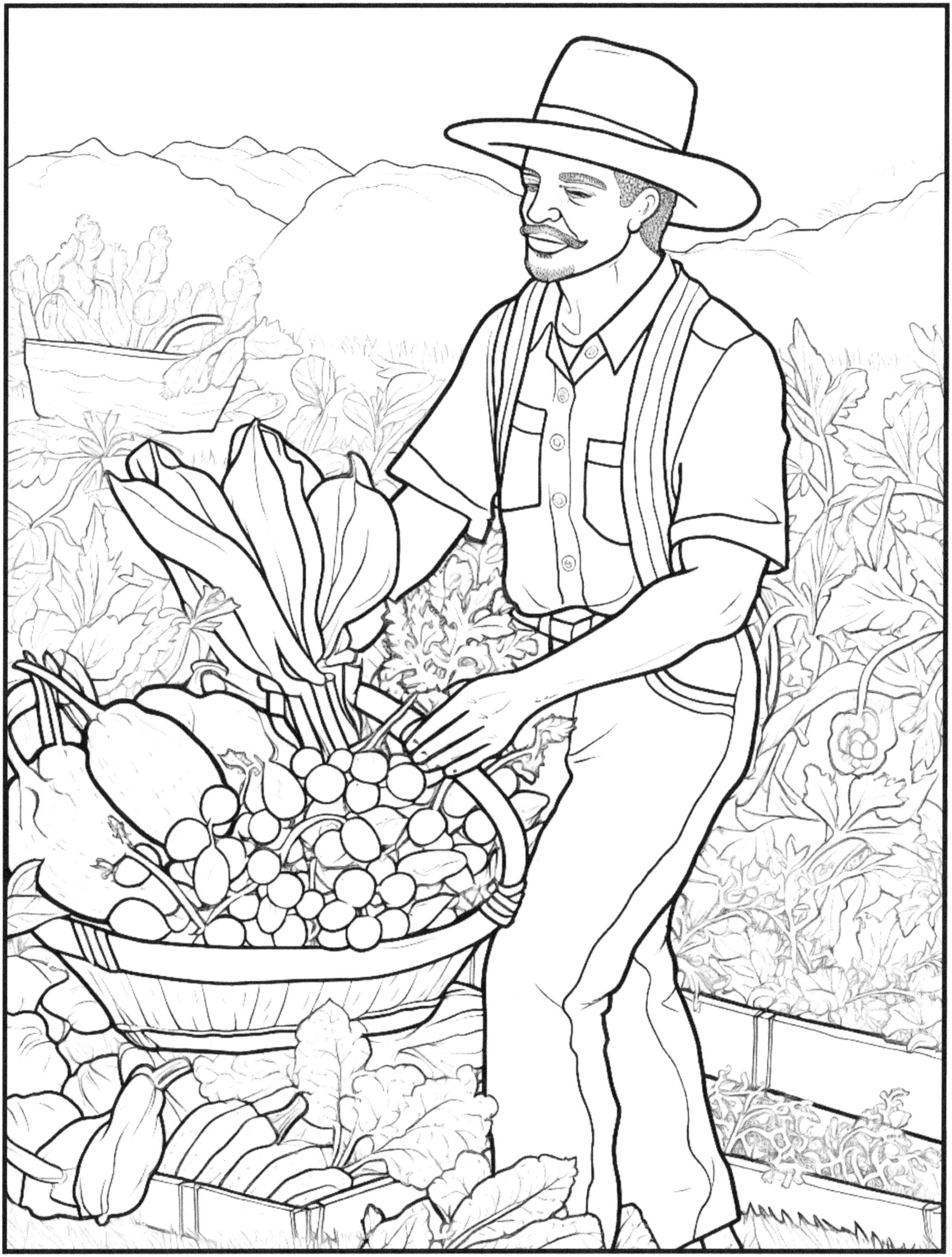

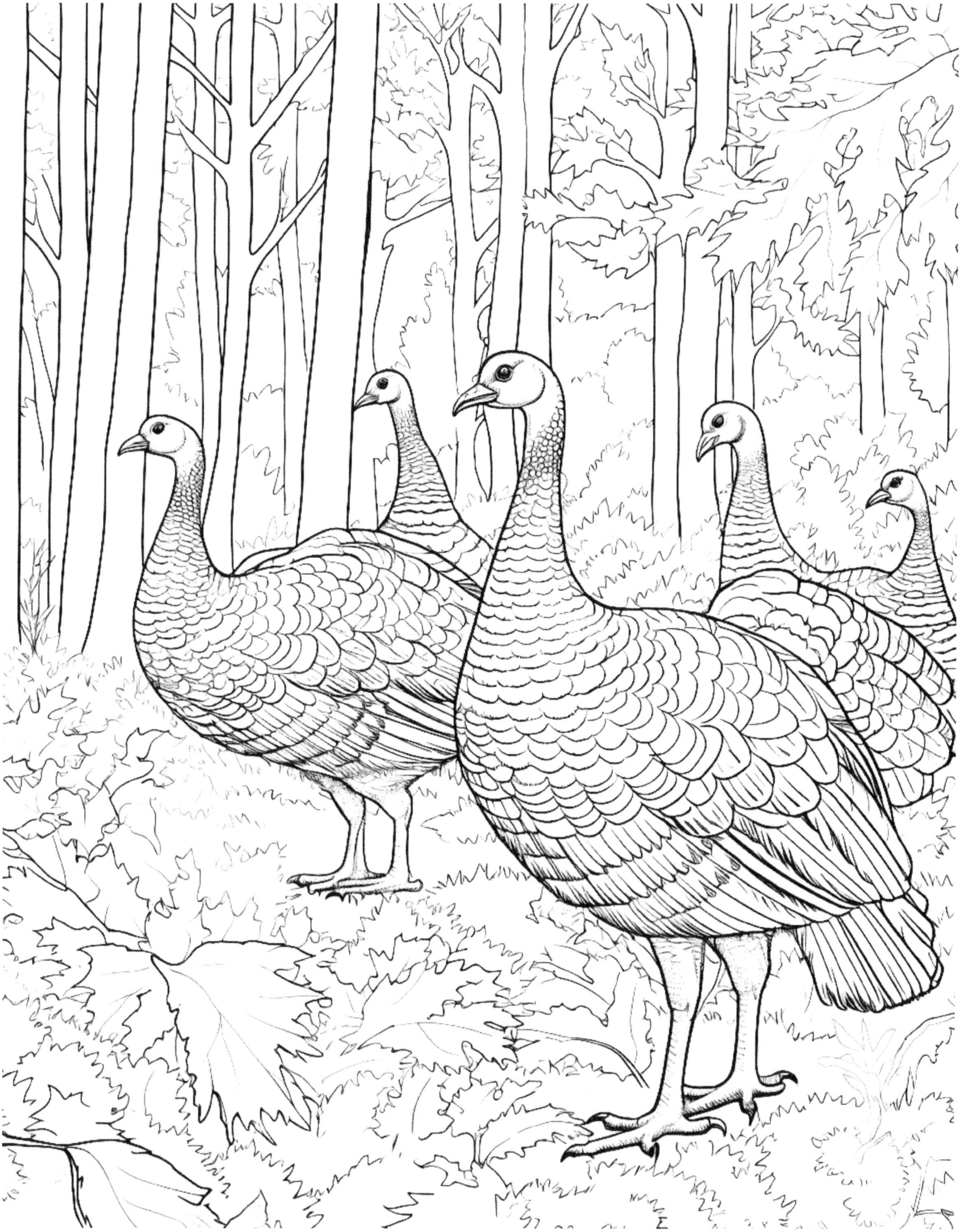

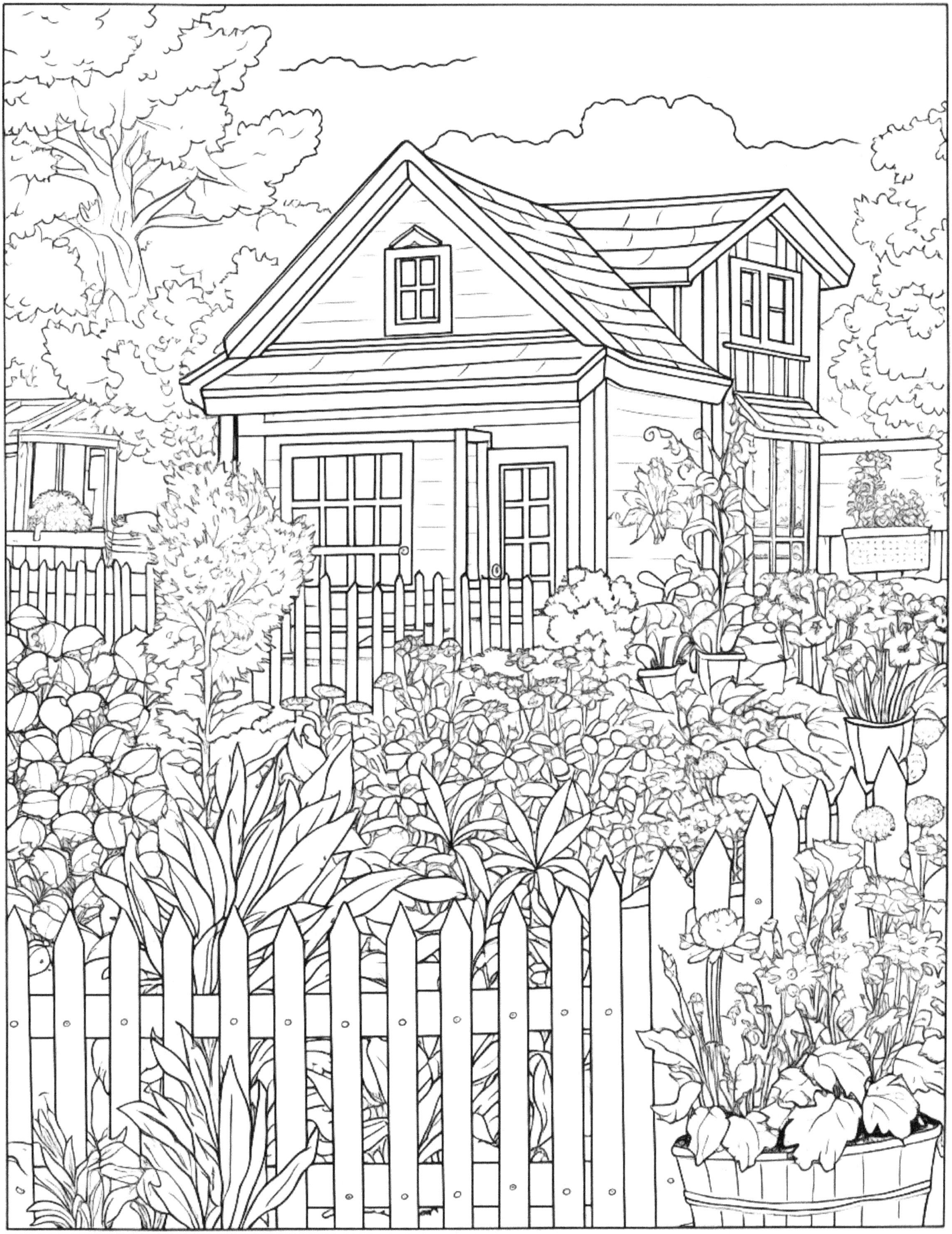

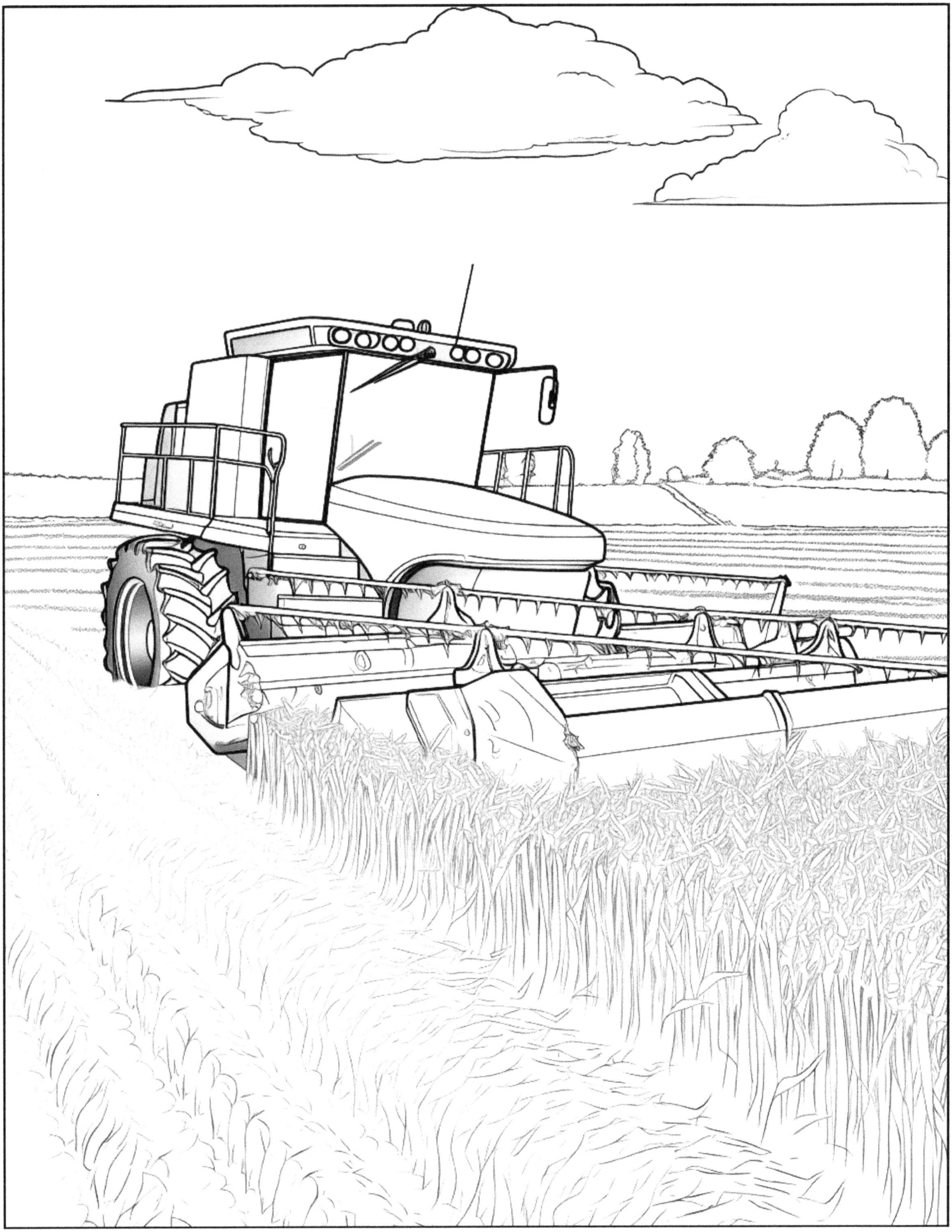

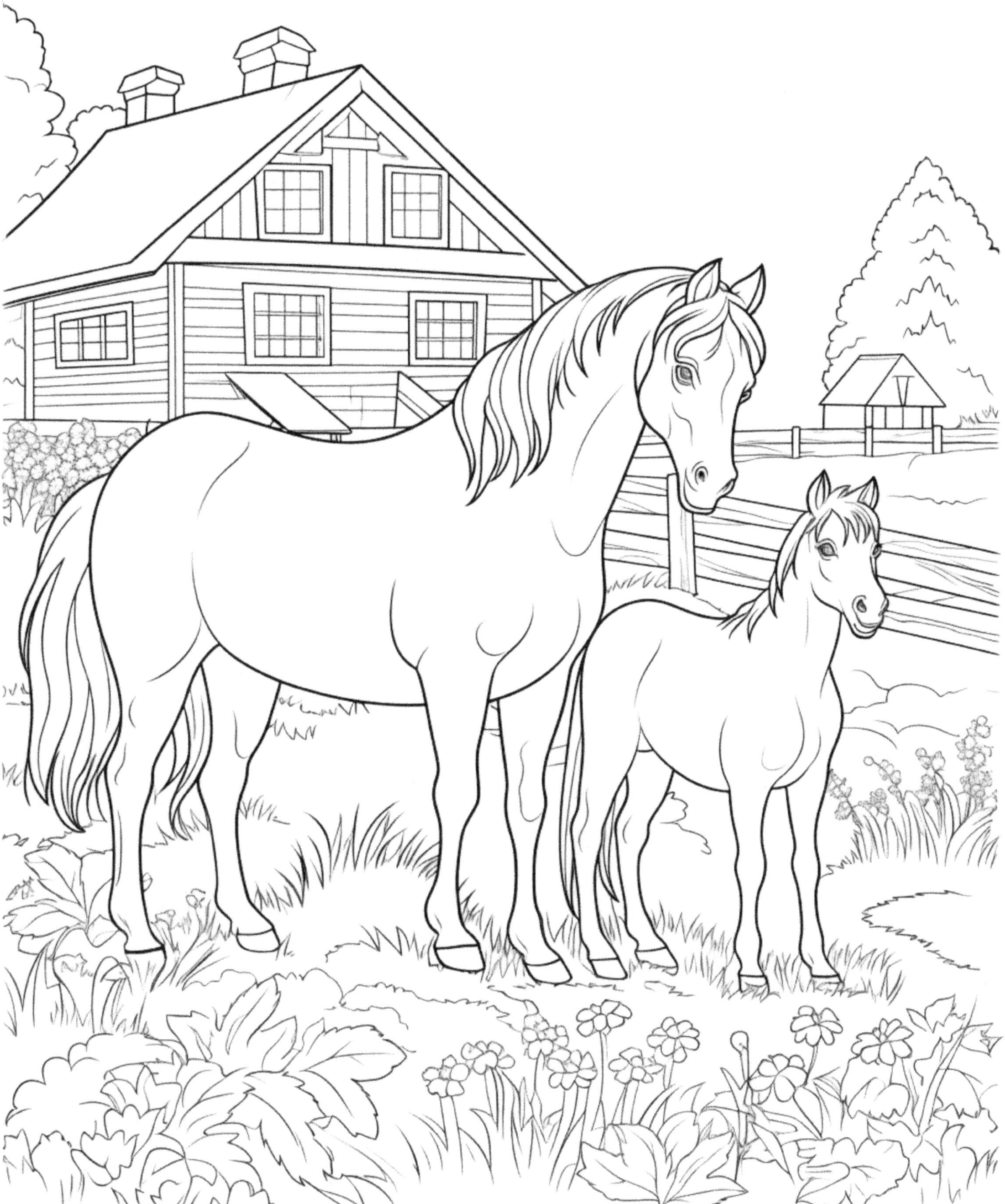

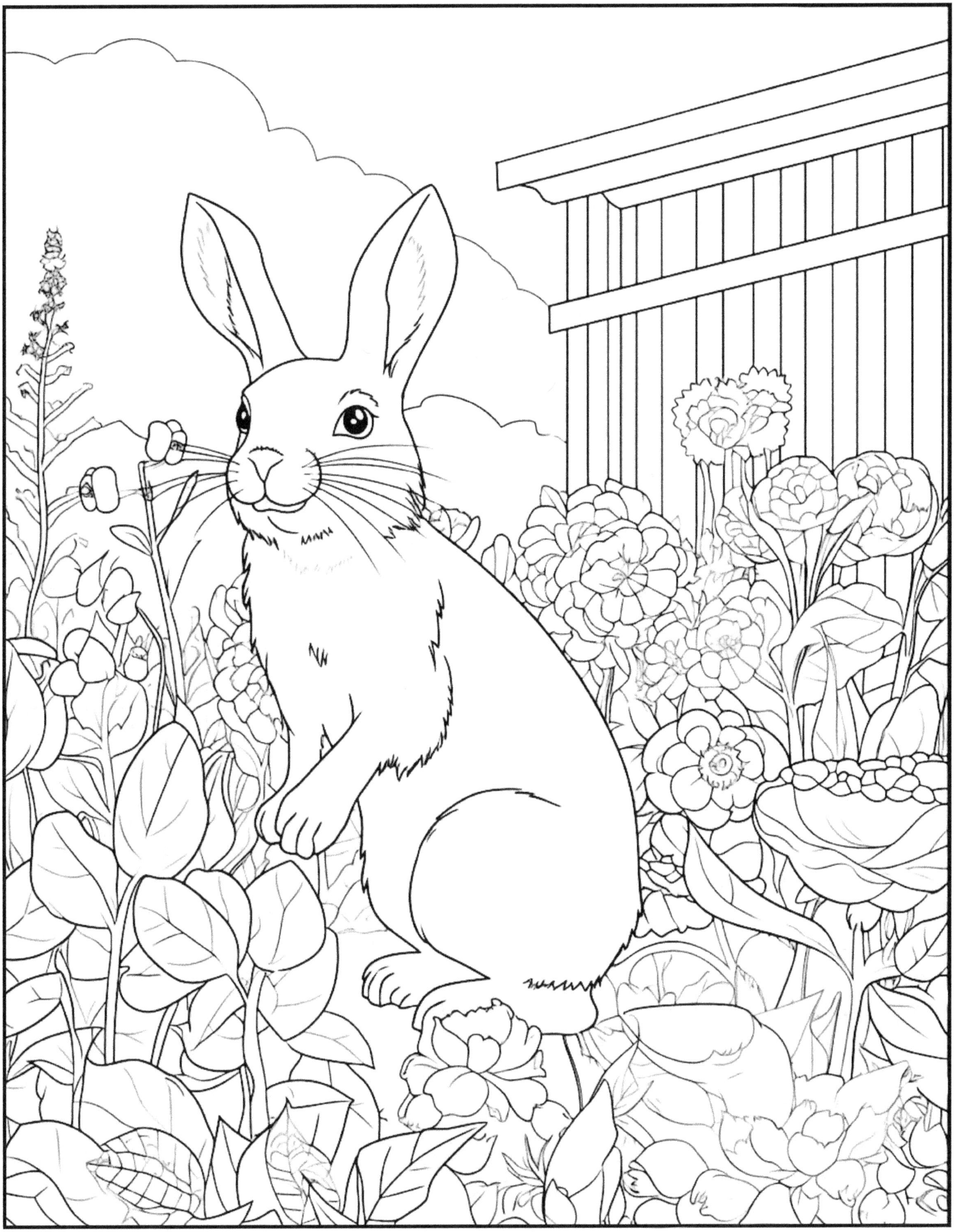

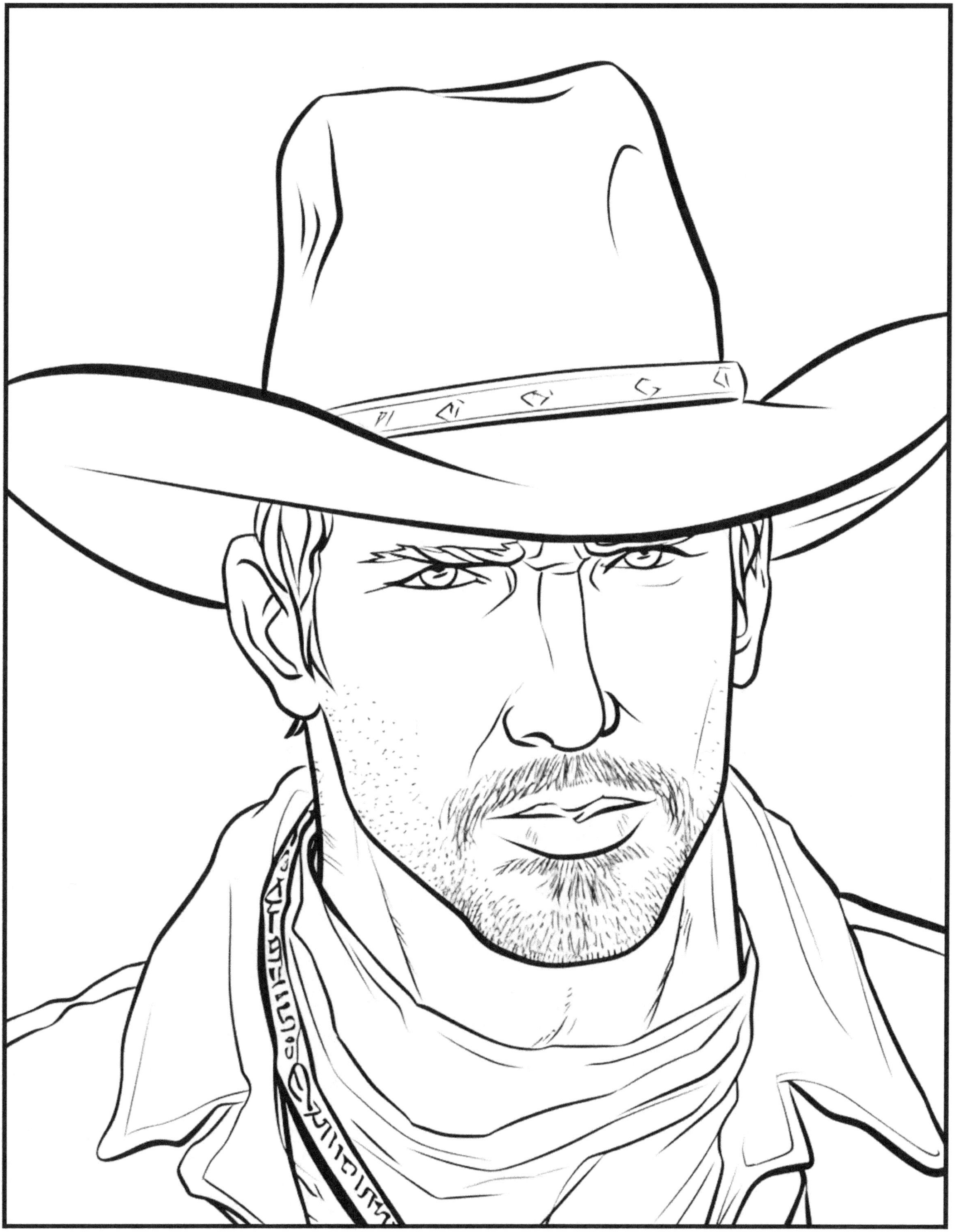

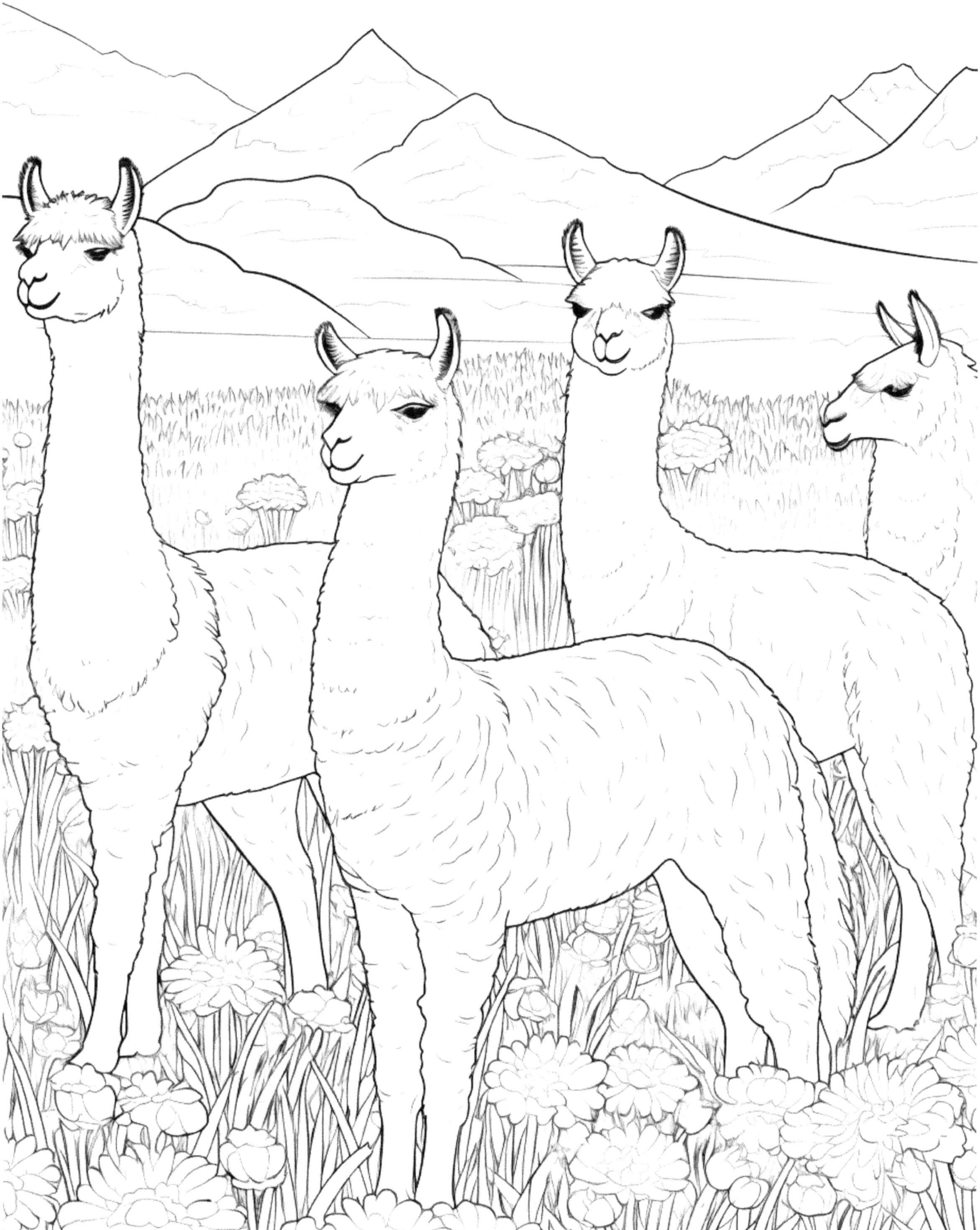

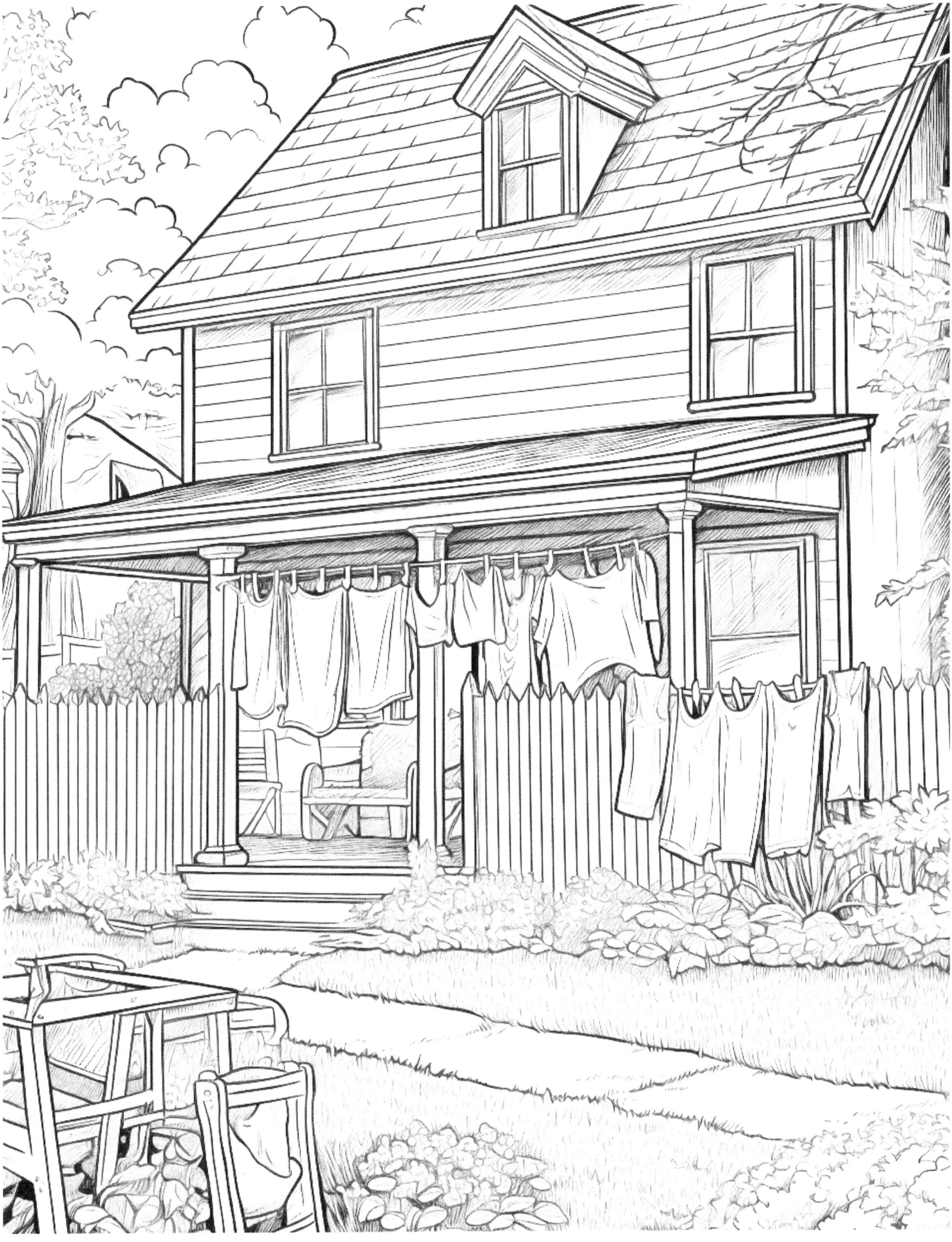

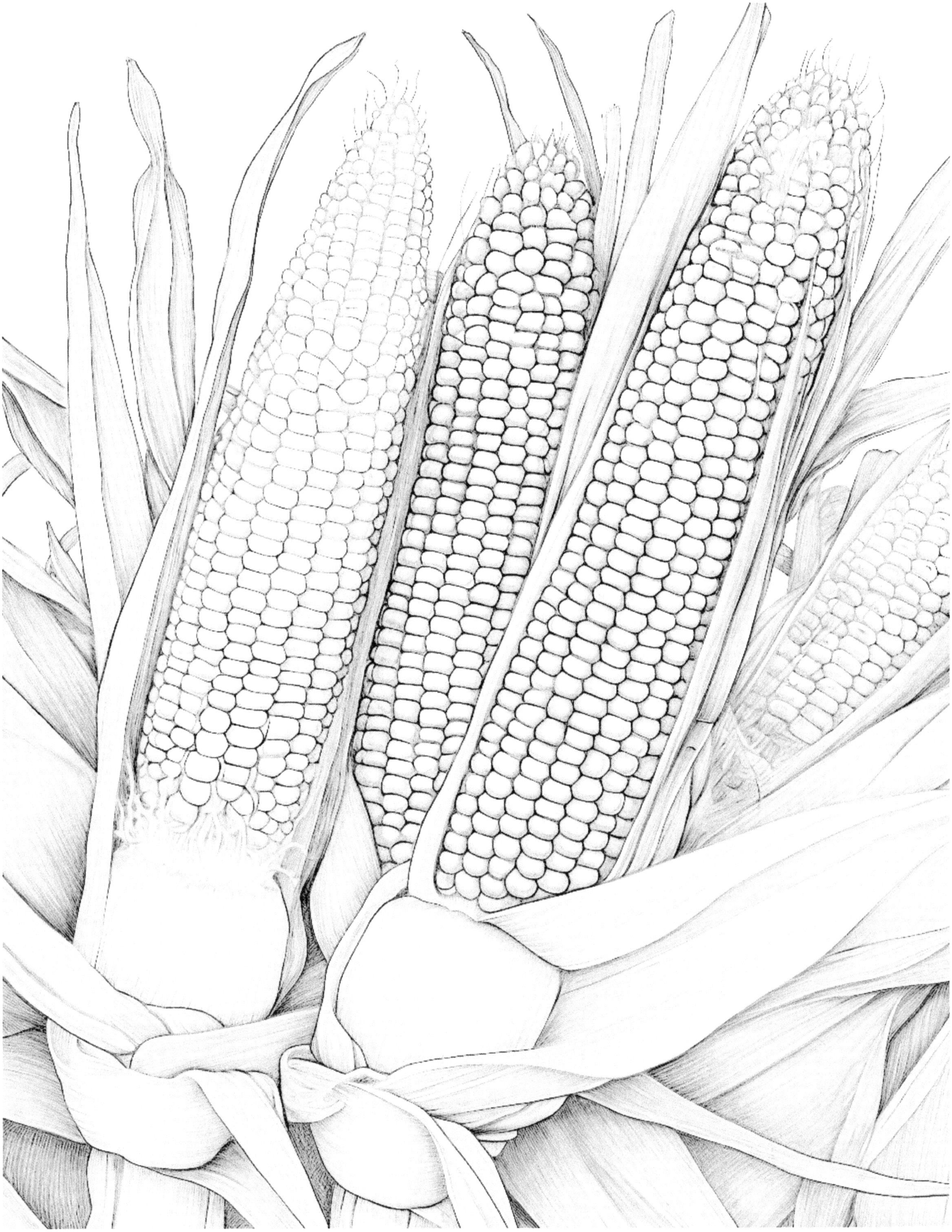

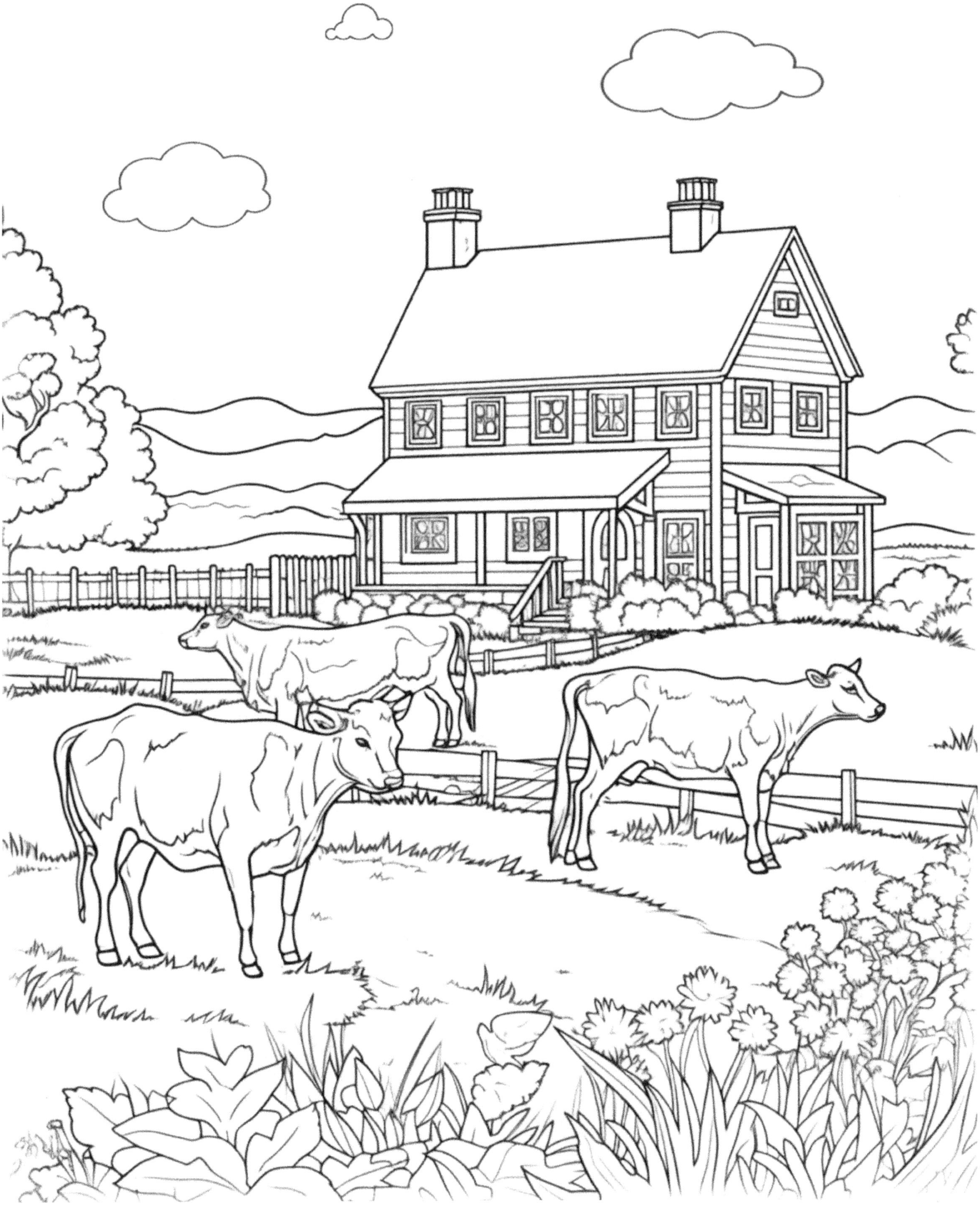

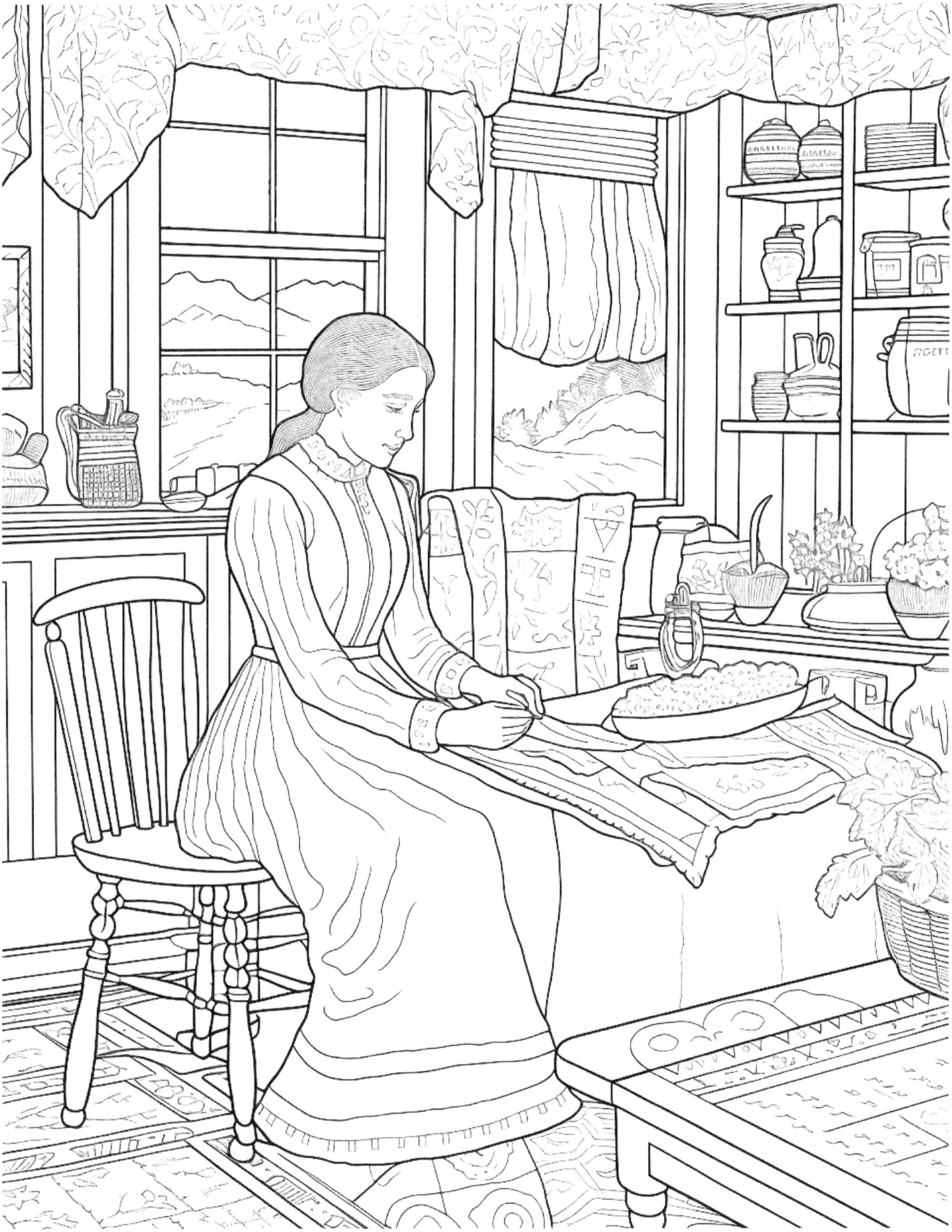

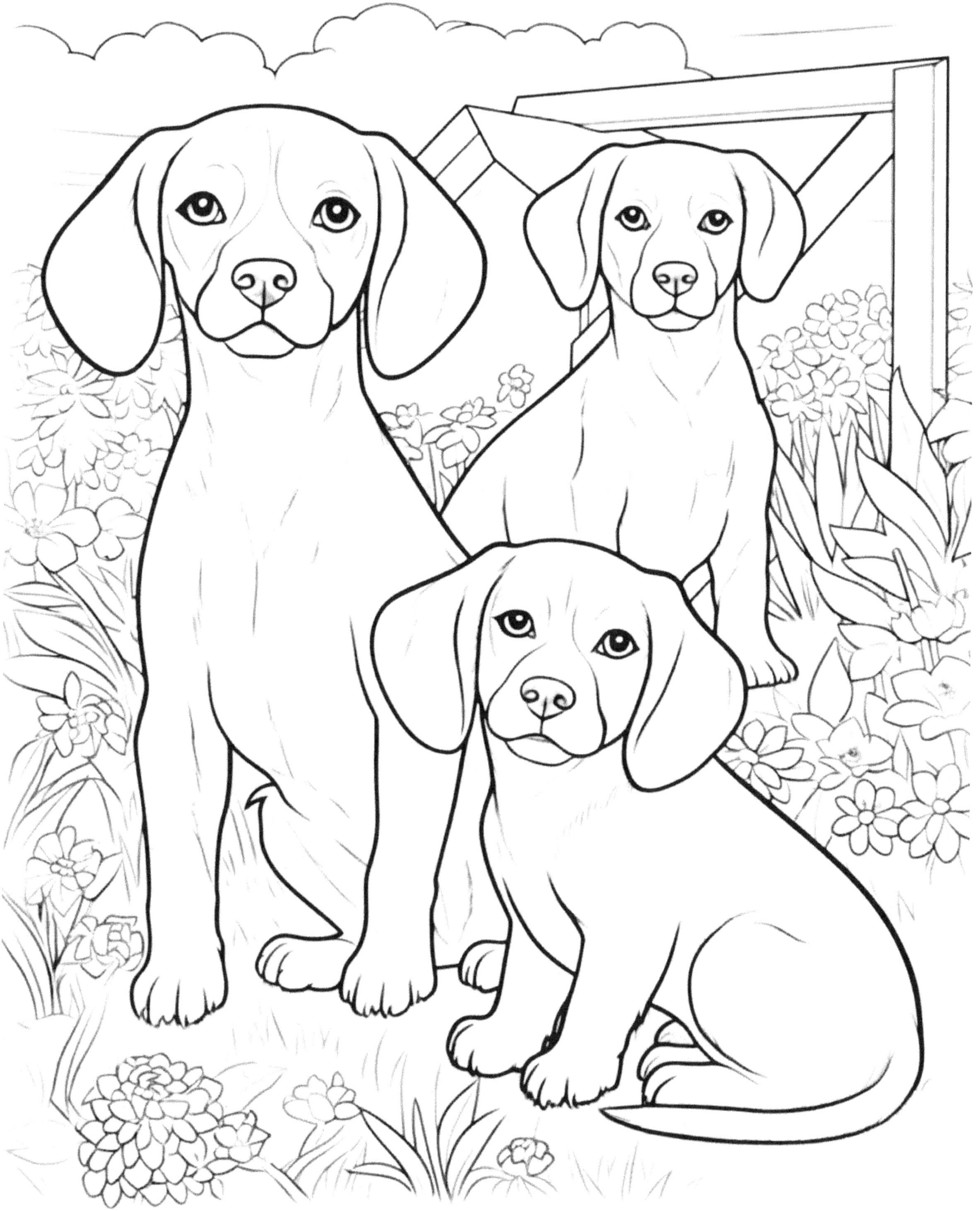

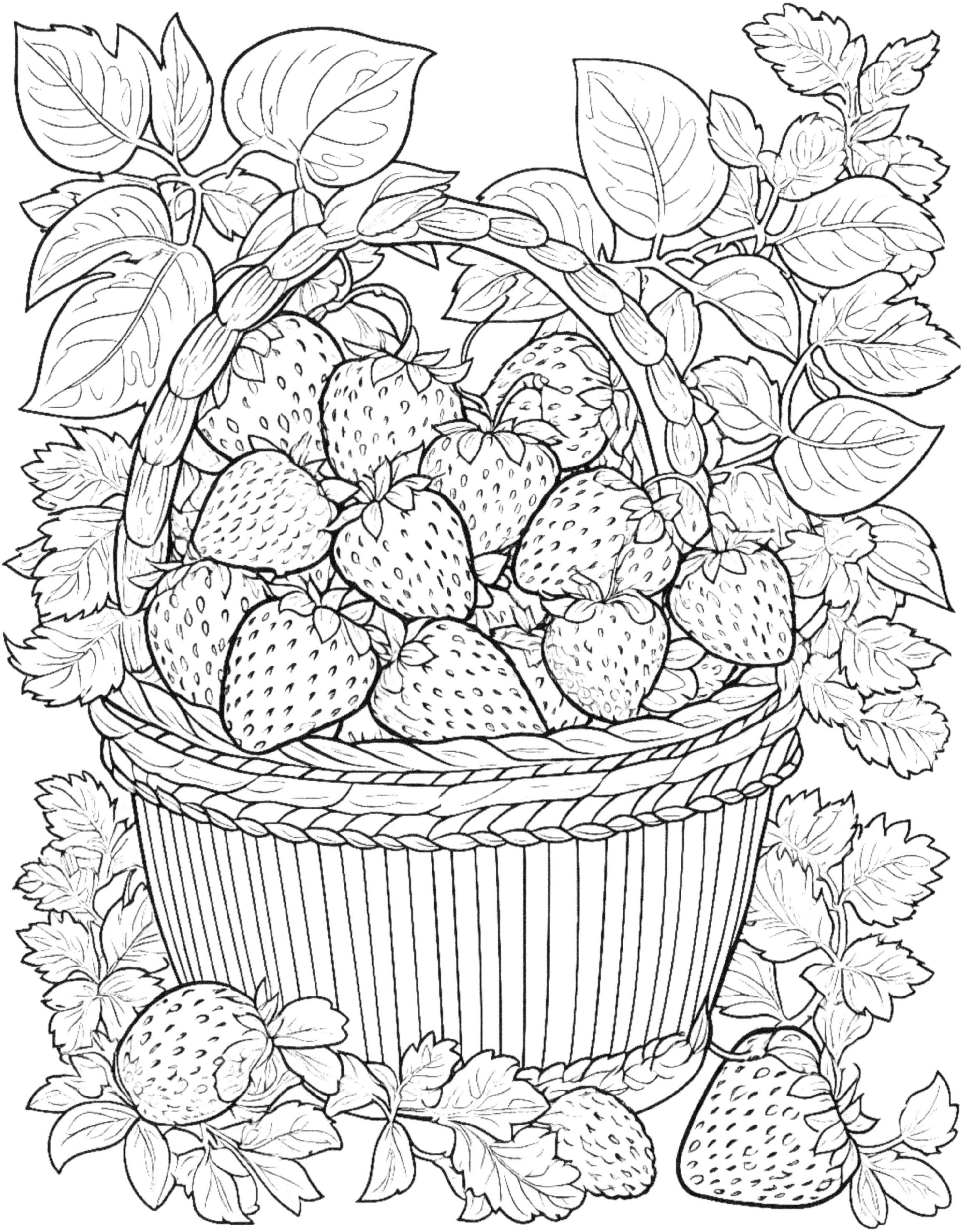

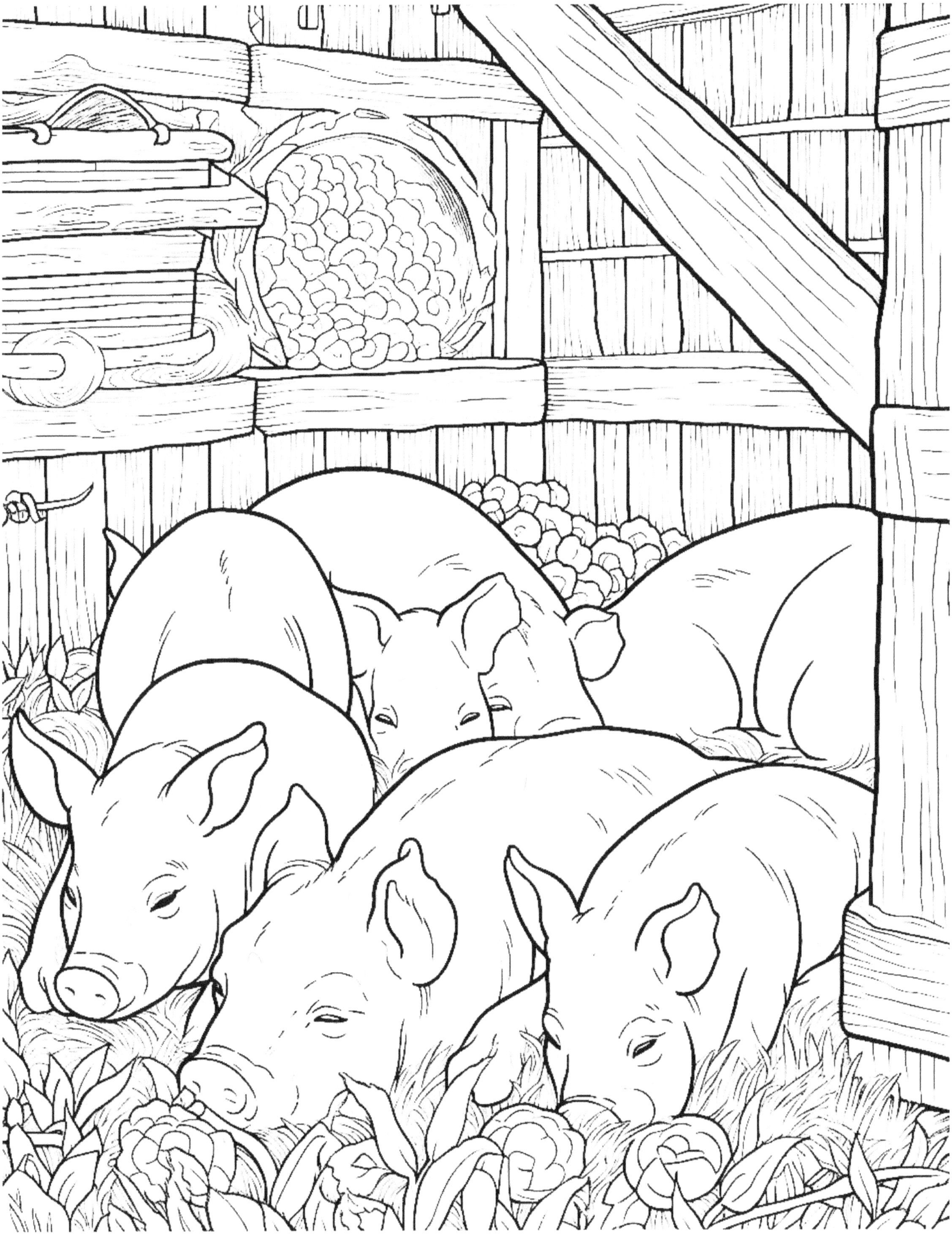

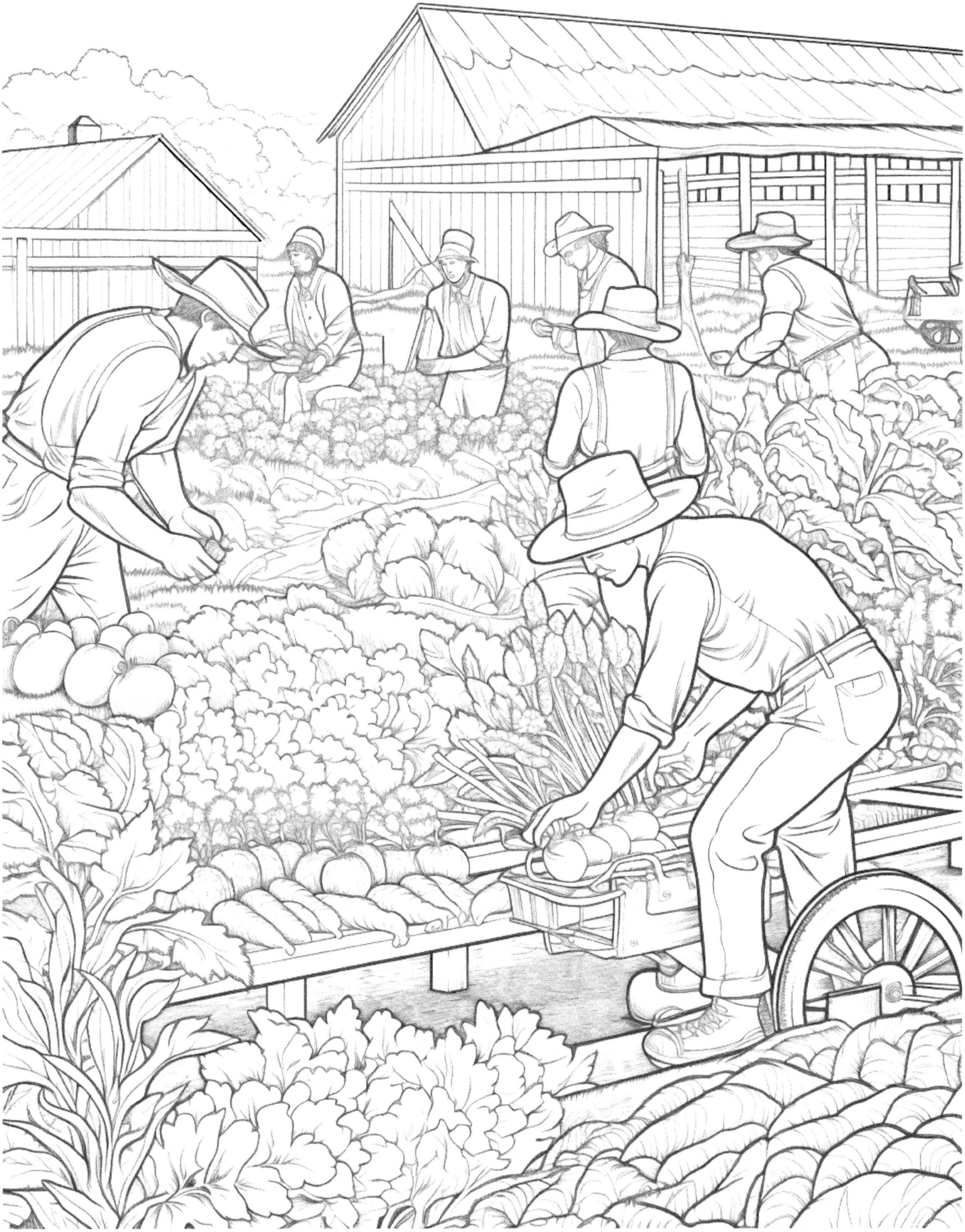

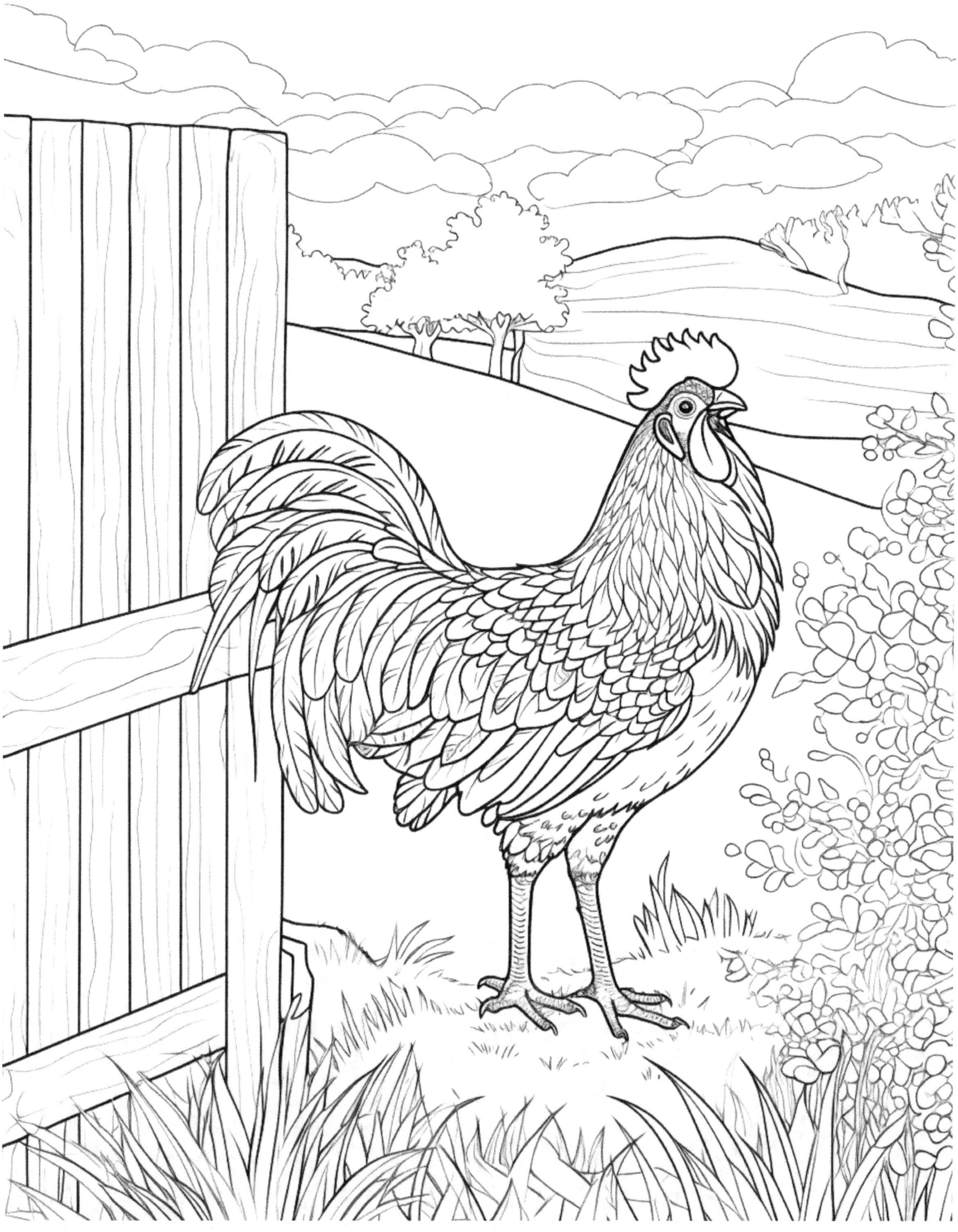

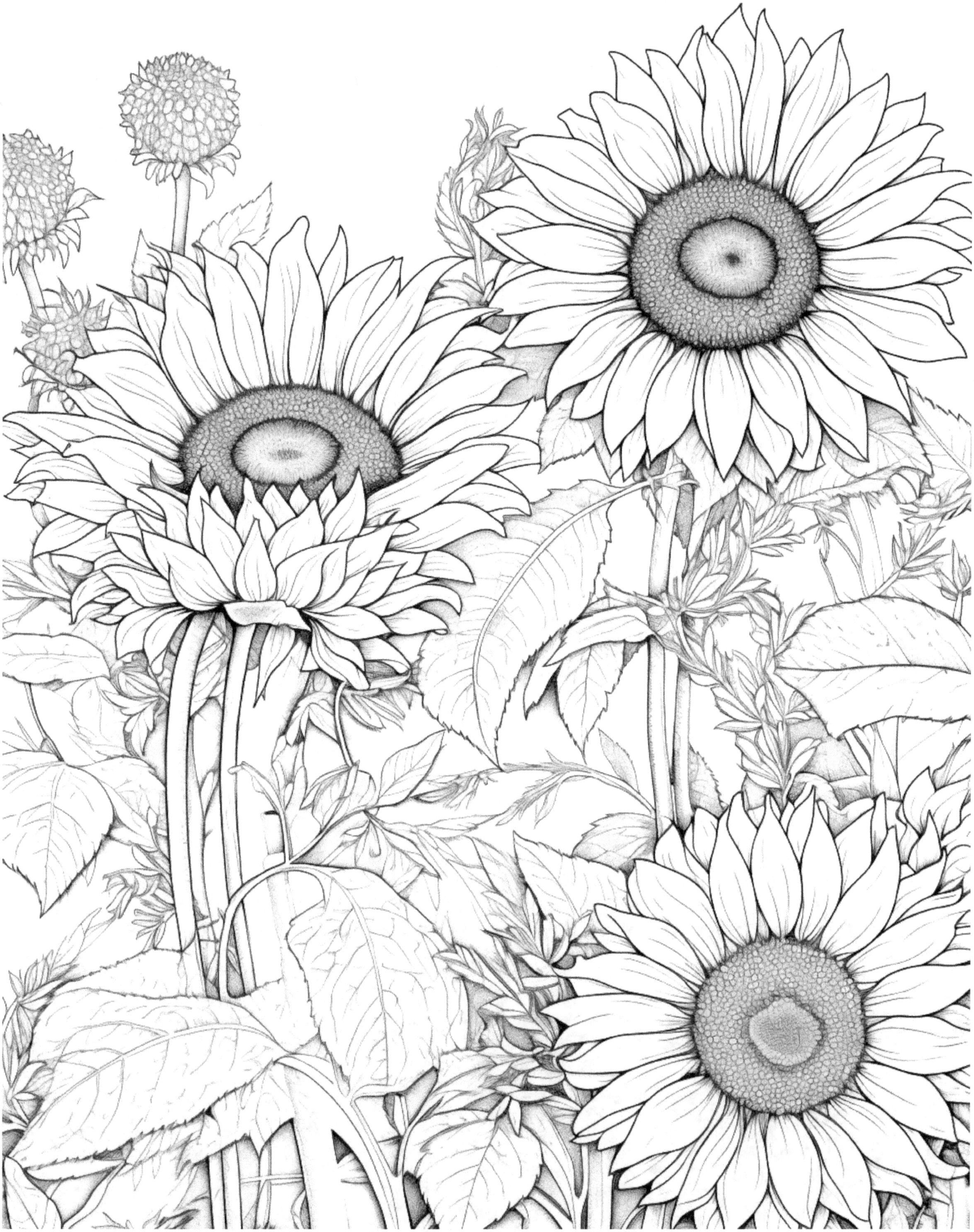

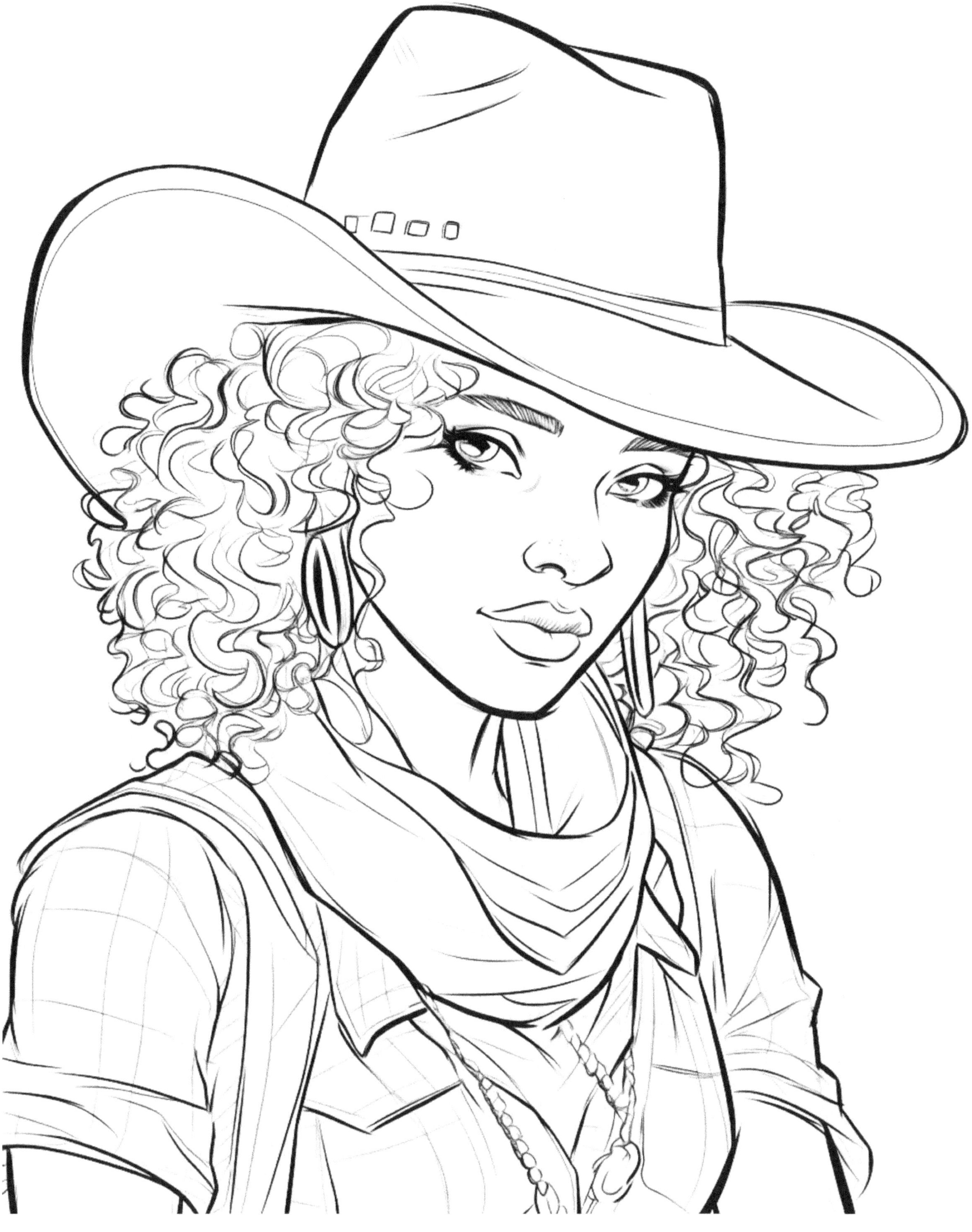

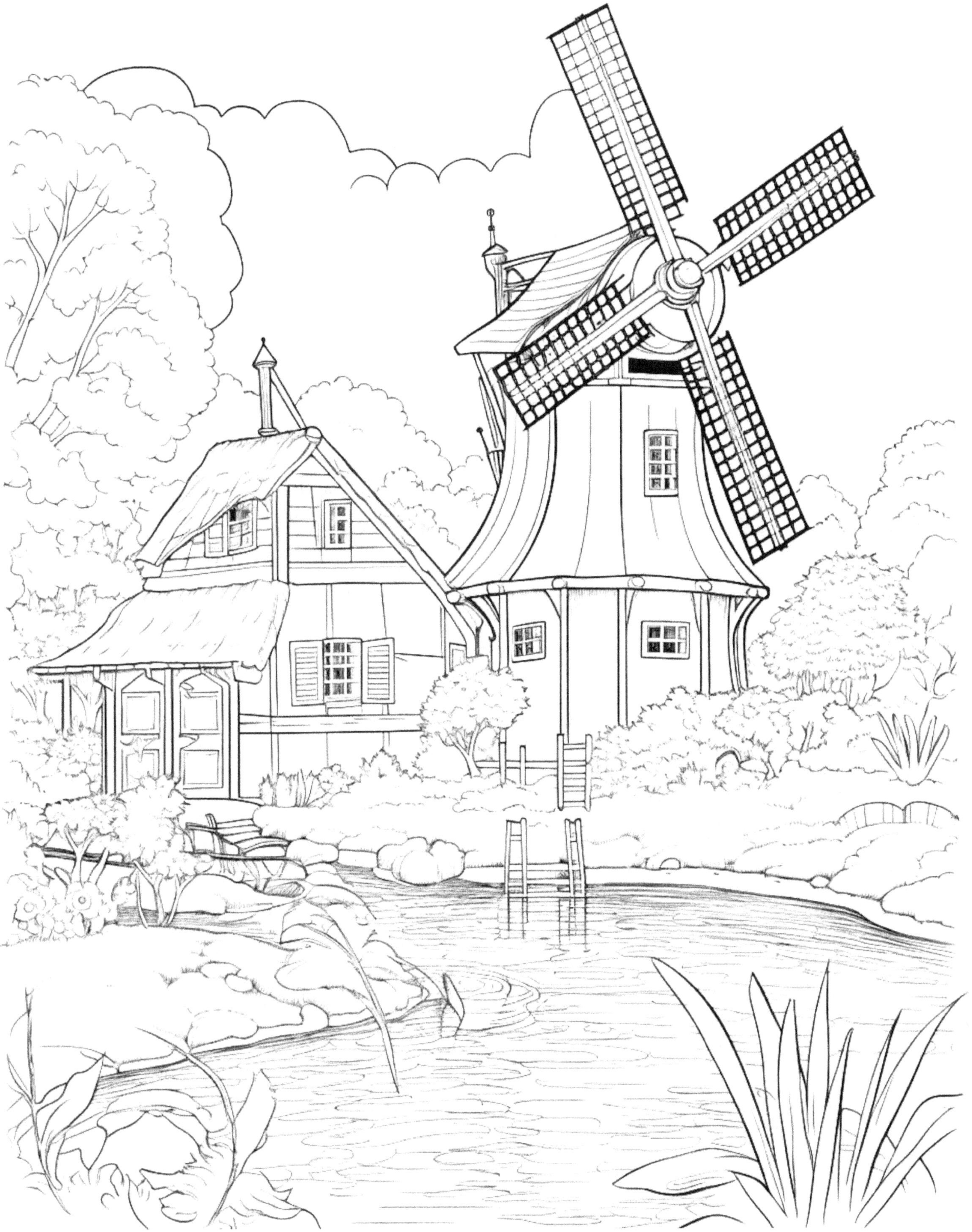

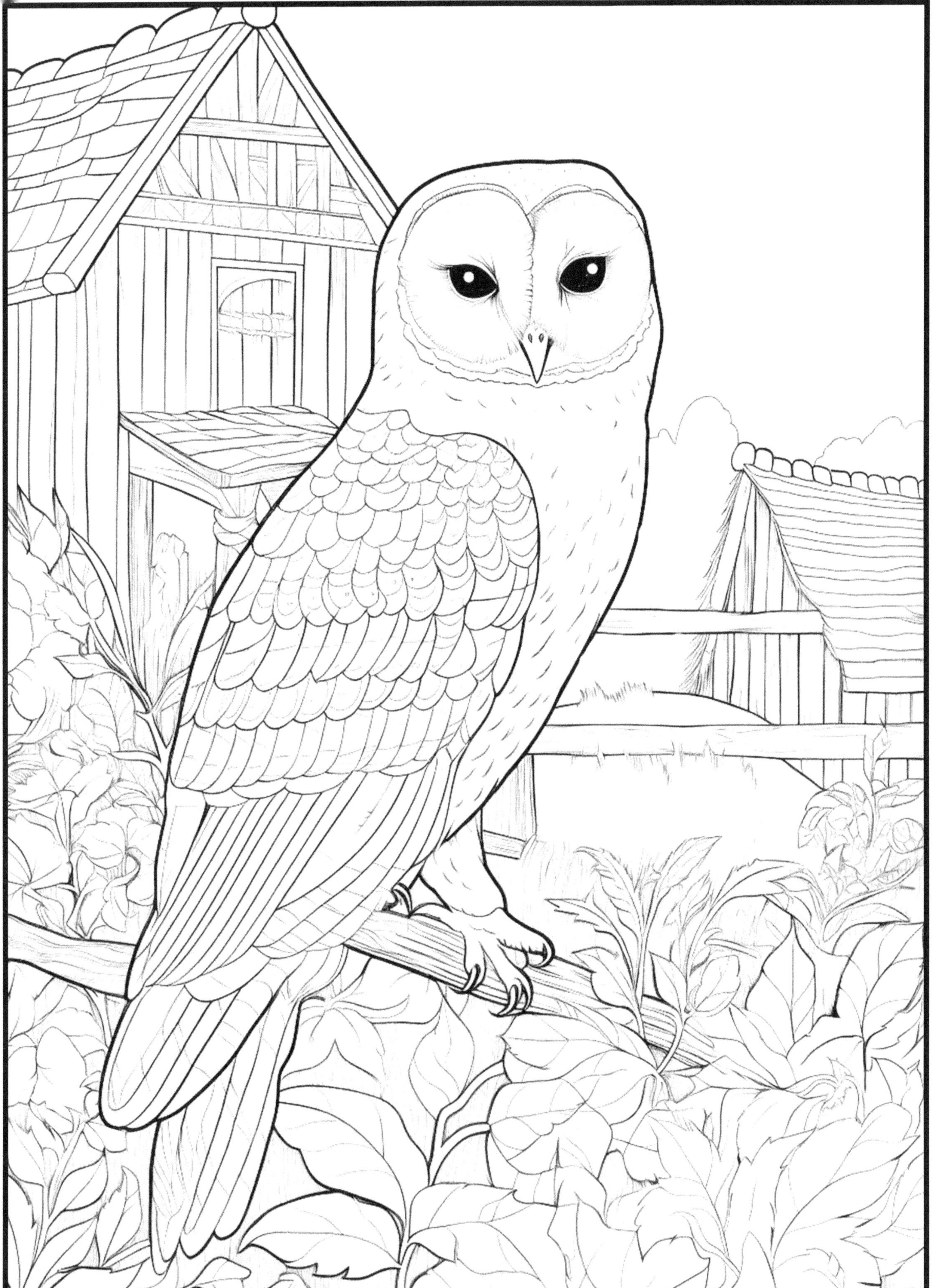

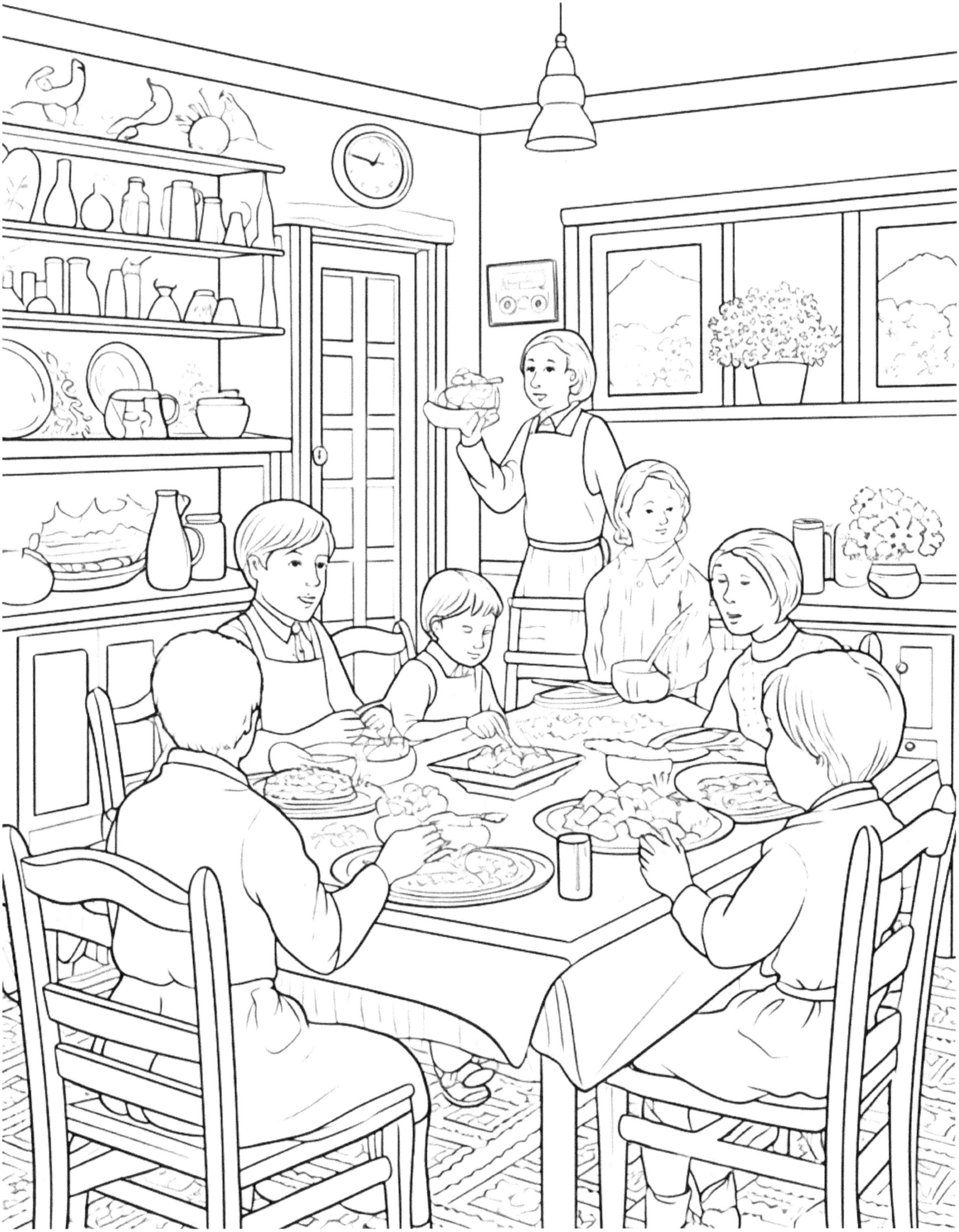

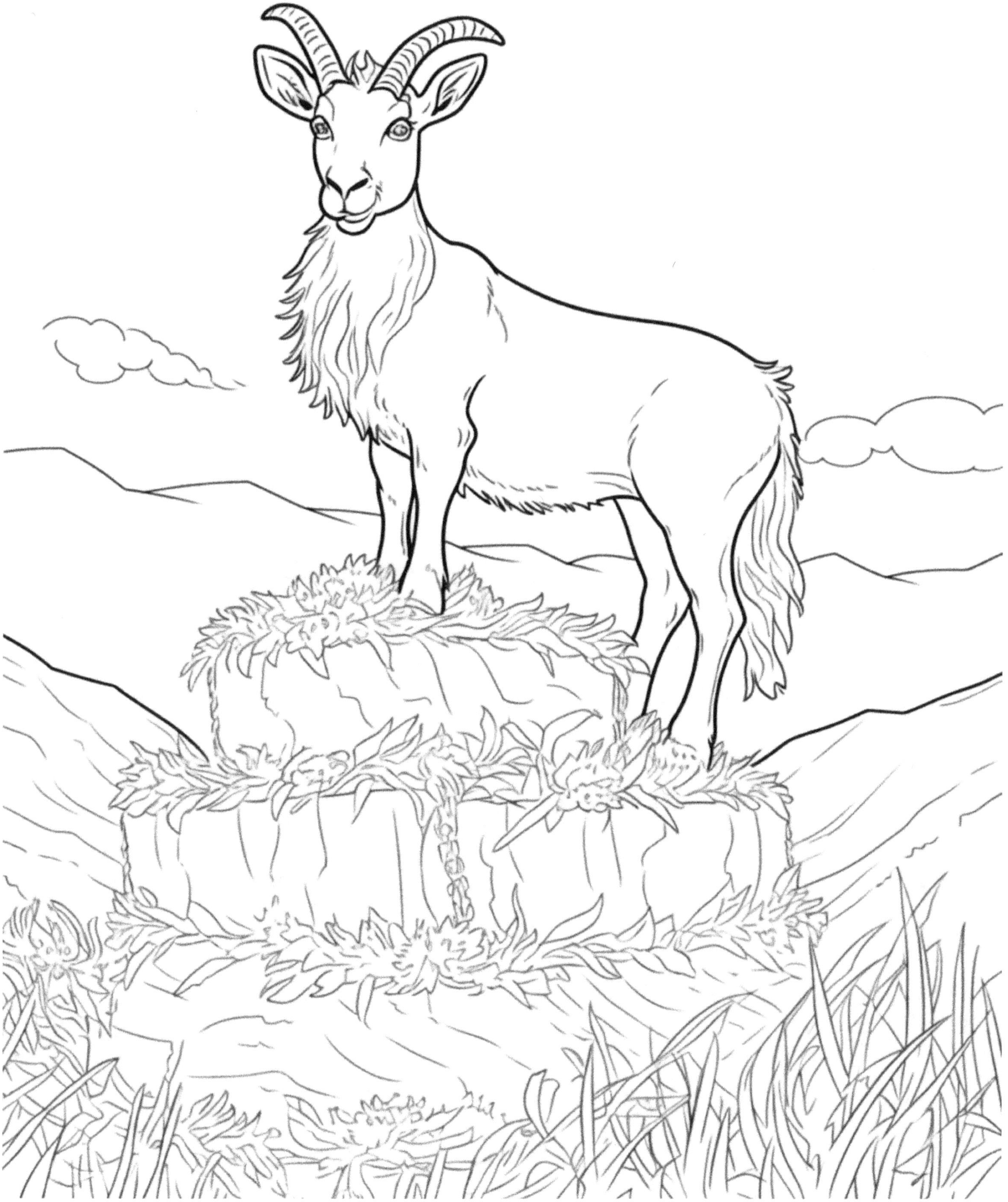

COLOR TEST PAGE

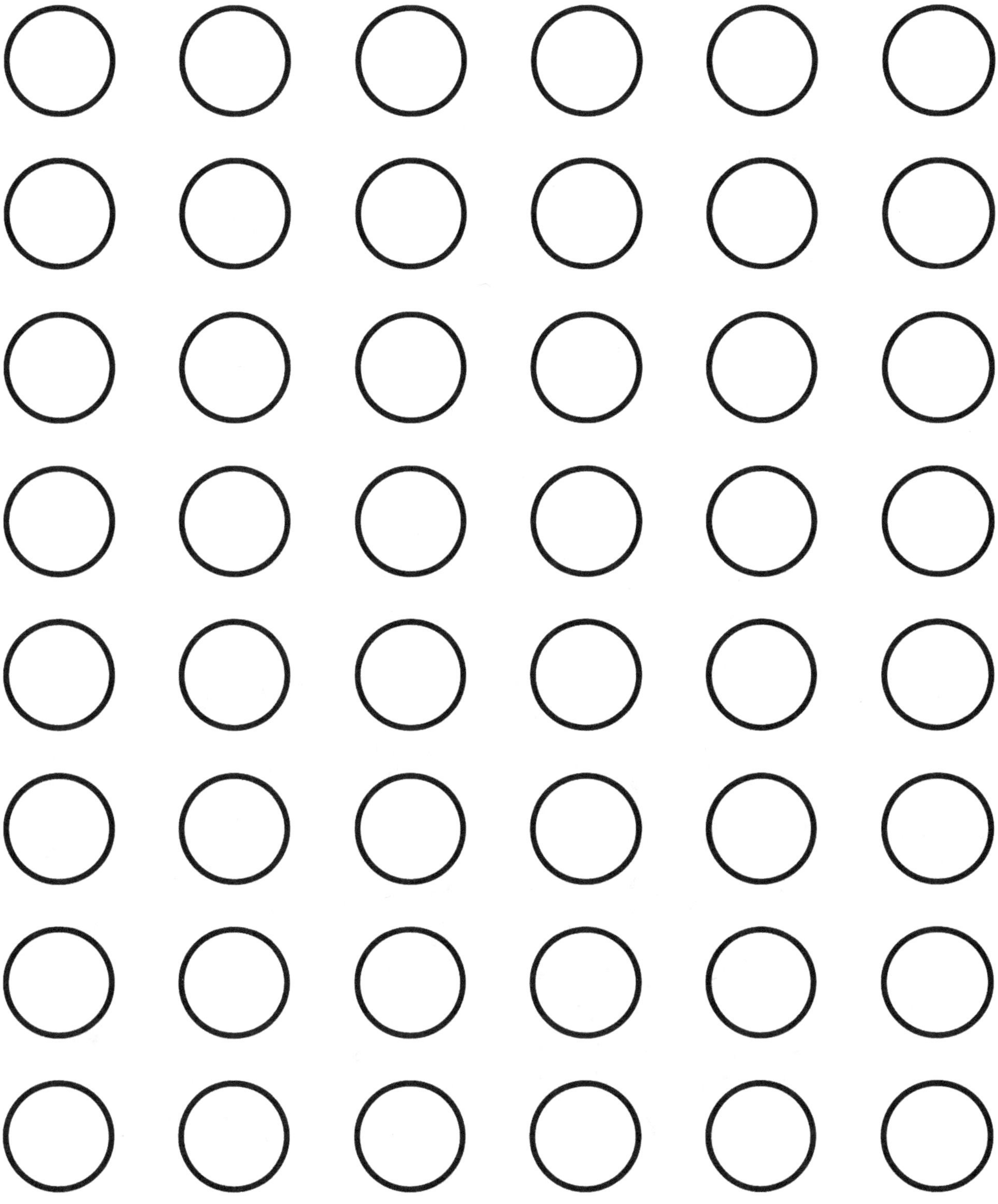

www.ingramcontent.com/pod-product-compliance
Lightning Source LLC
Chambersburg PA
CBHW081000220526
45467CB00008B/2635
* 9 7 9 8 3 9 2 7 0 1 4 7 6 *